Himmlische Ruhe

Bernhard Hönmann

HIMMLISCHE RUHE

Stilleübungen für die ersten Schuljahre

Die Deutsche Bibliothek – CIP-Einheitsaufnahme

Hönmann, Bernhard:
Himmlische Ruhe : Stilleübungen für die ersten Schuljahre / Bernhard Hönmann. [Ill.: Mathias Hütter].
- 1. Aufl. - Salzhausen : iskopress, 1999
ISBN 3-89403-186-7

1. Auflage 1999

Umschlag und Illustrationen:
Mathias Hütter, Schwäbisch Gmünd
Satz und Layout: Petra Wiechmann

Inhalt

Vorwort

Zu einem einsamen Mönch kamen eines Tages Menschen. Sie fragten ihn: „Was für einen Sinn siehst du in deinem Leben der Stille?“
Der Mönch war damit beschäftigt, Wasser aus einer tiefen Zisterne zu schöpfen. Er sprach zu seinen Besuchern: „Schaut in die Zisterne! Was seht ihr?“
Die Leute blickten in die tiefe Zisterne. „Wir sehen nichts.“
Nach einer kurzen Weile forderte der Einsiedler die Leute wieder auf: „Schaut in die Zisterne! Was seht ihr?“
Die Leute blickten wieder hinunter. „Jetzt sehen wir uns selber!“
Der Mönch sprach: „Schaut, als ich vorhin Wasser schöpfte, war das Wasser unruhig. Jetzt ist das Wasser ruhig. Das ist die Erfahrung der Stille: Man sieht sich selber!“

Einleitung

In unserer Gesellschaft gehören Hektik, Stress und Egoismus zum Alltag. Die Schule als Teil der Gesellschaft spiegelt diese Erscheinungen wider. Ständig werden die Kinder mit Erwartungen, Leistungsdruck, Reizen und Informationen konfrontiert.
Auch in unserer Klasse herrscht der Leistungsgedanke, und zukunftsängstliche Eltern, die das Heil ihrer Kinder in besonderen Leistungen und einem möglichst großen Abstand zu anderen sehen, akzeptieren das Kind nur als Werdendes, nicht als „jetzt hier und so Seiendes“[1]. Das Kind ist als Werdendes eingestuft, und deshalb wird ihm das Sein abgesprochen.
Der Pädagoge Hilbert Meyer beobachtet in zunehmendem Umfang in den Klassen der ersten Schuljahre das „Prinzen- und Prinzessinnensyndrom“, eine Egozentrik, die sich darin zeigt, dass die Kinder verstärkt ihren individuellen Neigungen nachgehen, ohne Rücksicht auf andere zu nehmen.
Als Lehramtsanwärter in einem ersten Schuljahr erlebte ich viele negative Aspekte von Schule: Aggressionen der Schüler untereinander, Konzentrationsschwierigkeiten, permanente Unruhe und Lärm. Von Erfahrungen mit chaotischen Klassen wird in der Fachliteratur oft berichtet, und der Ausspruch „So eine Klasse habe ich ja noch nie erlebt“ ist nicht von mir erfunden, sondern spiegelt die Erfahrung einiger Lehrer der Klasse 1b. Dass dieser Zustand keine Naturkonstante ist, weiß ich, seitdem ich eine Montessori-Grundschule kennengelernt habe. Hier findet die Arbeit in einer ganz anderen Atmosphäre statt. Das Auffallendste ist zweifellos die Stille, die in diesem Haus herrscht. Nicht Lärm, sondern Stille ist hier der Begleiter kindlichen Lernens.
Nun kann man die Fähigkeit, sich zu konzentrieren, sich leise zu verhalten und damit auf andere Rücksicht zu nehmen, den anderen zu respektieren und friedliche Umgangsformen zu praktizieren, in einem ersten Schuljahr nicht einfach voraussetzen. Soziale Kompetenz ist eine Fähigkeit, die genauso erlernt werden muss wie andere

Fähigkeiten auch. LehrerInnen wissen, dass es kein Rezept gibt, um solche Verhaltensänderungen schnell zu erzeugen und aus einer Klasse eine Gemeinschaft zu machen. Es gibt aber verschiedene Ansätze dafür.

Ich möchte in diesem Buch zeigen, dass das Konzept von Stilleübungen ausreichend tragfähig ist, um soziales Verhalten und soziales Miteinander zu entwickeln. Der ganzheitlich orientierte Theorieansatz von Maria Montessori, in dem Stille ein tragender Baustein ist, hat mich ermutigt, das Konzept der Stille in einer schwierigen Klasse auszuprobieren. Im Gegensatz zu verhaltenstheoretischen Ansätzen, die auf ein angepasstes Verhalten des Kindes abzielen, geht es im Stillekonzept darum, dass die Kinder lernen, sich selbst zu führen. Die Kinder bergen die Fähigkeiten zu sozialem Verhalten bereits in sich.

Die Stärkung des Individuums und der Aufbau von Selbstdisziplin durch Stilleübungen sind in der Montessori-Schule die Grundlage für eine friedliche Gemeinschaft, in der ein Kind dem anderen Raum gibt. Den Grundstein dafür konnte ich mit dem Stillekonzept ebenfalls legen.

Das vorliegende Buch besteht aus zwei großen Komplexen, einem allgemeinen Teil und einem praktischen Teil.

Im ersten Teil wird die Frage beantwortet, warum sich Schule überhaupt mit Fragen des sozialen Miteinanders befassen muss und wie das Konzept von Stille aussieht, das für sich in Anspruch nimmt, „als Medium zur Entwicklung eines Gruppengefühls“[2] zu wirken.

Es werden also zunächst Bestimmungsfaktoren für eine Unterrichtsreihe ausgearbeitet. Dazu gehören für das Thema relevante soziokulturelle Faktoren von Kindheit, die einer positiven Entwicklung des Sozialverhaltens unserer Schüler im Wege stehen. Dann erörtere ich, was soziales Miteinander bedeutet und welche Ausgangssituation ich in der Klasse 1b vorfand, in der ich diesen Unterrichtsversuch durchführte.

Anschließend stelle ich das Konzept der Stille dar; Aufgaben sowie Durchführungsbedingungen und Ziele der Stilleübungen folgen. Im zweiten Teil werden ausgewählte Stilleübungen vorgestellt, die ich in der Klasse 1b

durchgeführt habe.
Meinen Unterrichtsversuch, der sich über acht Wochen erstreckte und den ich in dem vorliegenden Buch darstelle, hatte die Frage zum Ausgangspunkt, ob ausgewählte Stilleübungen dazu geeignet sind, in den ersten Grundschuljahren – in meinem Fall in einem ersten Schuljahr – das soziale Miteinander der Klassengemeinschaft zu fördern. Ich bin im Laufe dieses Unterrichtsversuchs zu der Überzeugung gelangt, dass dies der Fall ist und möchte die Einführung von Stilleübungen jedem, unabhängig von der Altersstufe der Schüler, empfehlen.
Meine von ihrer Zusammensetzung her problematische erste Klasse lernte innerhalb weniger Wochen einige wichtige Fertigkeiten, wie z. B. einen Stuhlkreis zu bilden, ohne Chaos anzurichten, oder gemeinsam eine Phantasiereise zu erleben und sich hinterher über das Erlebte auszutauschen. Diese und andere Zeiten der gemeinsamen Stille wurden von den Schülern wie von mir als Lehrer zunehmend genossen. Die Stille war hier die Voraussetzung dafür, dass die SchülerInnen Schritt für Schritt einander zuhören und aufeinander Rücksicht nehmen lernten. Mehr dazu im folgenden Text.

Kindheit heute

Kindheit heute

Die großen gesellschaftlichen Umbrüche, die erzwungenen Anpassungsprozesse im sozialen und ökonomischen Bereich und die ungewissen gesellschaftlichen Perspektiven treffen nicht nur die Erwachsenen, sondern auch die Kinder. Eine für mich richtungsweisende Analyse der gegenwärtigen Entwicklungstendenzen wurde 1995 von der Kommission „Zukunft der Bildung – Schule der Zukunft“[3] vorgelegt. Im Kapitel „Zeitsignaturen“ wird auf die tiefgreifenden Veränderungen und das beschleunigte Tempo hingewiesen, das unsere Zeit kennzeichnet. Als Stichworte sind Pluralisierung (Auflösung einheitlicher Lebensformen) und Partikularisierung (Auseinanderfallen der einzelnen Lebensbereiche) zu nennen. Stärker noch als die Erwachsenen sind die Kinder den Veränderungen passiv ausgesetzt.
Dabei gilt, dass sich ungelöste Probleme in der Lebenswelt der Erwachsenen auch auf die Kinder auswirken. Bei Horst Eberhard Richter heißt es: „Kinder spüren im Allgemeinen sehr genau, was im Unbewussten ihrer Eltern vor sich geht. Ihnen bleibt nicht verborgen, was die Eltern an Ängsten, an Selbstzweifeln, an Verbitterung verdrängen.“[4]
Kindheit ist keine Konstante; sie hat sich im Laufe der letzten Generationen entsprechend den gesellschaftlichen Veränderungen tiefgreifend verändert. Diese Veränderungen finden in fast allen Lebensbereichen statt und spiegeln sich im Familienleben, im Freizeit- und Konsumverhalten und in der Umweltsituation wider. Die Kinder reagieren auf diesen umfassenden Wandel mit zum Teil problematischen Verhaltensweisen.

Die familiäre Situation

Das Ende der Großfamilie wurde mit der industriellen Revolution eingeleitet. Heute gibt es viele verschiedene „Familientypen“. Noch nie gab es eine so große Anzahl alleinlebender und alleinerziehender Menschen wie heute.

Die Anzahl der Kinder in unserem Land ist seit 25 Jahren rückläufig. Jede zweite Familie hat heute nur ein Kind. Das hat zur Folge, dass in 80 Prozent aller Familien die Kinder nur noch mit höchstens einem Geschwisterkind aufwachsen. Eine Familie mit drei Kindern gilt schon als kinderreich. Der Rückgang von Geschwisterkontakten führt zu einem Rückgang an Sozialerfahrung. Geschwister haben, wie die Gruppe der Gleichaltrigen, für die Sozialisation eine bedeutsame Funktion. Sie fördern und sanktionieren das Verhalten des Heranwachsenden, organisieren auf diese Weise wichtige soziale Erfahrungen und prägen Regeln des sozialen Verhaltens.
Die Möglichkeit, soziales Verhalten im Nahbereich einzuüben, nimmt in den Klein- und Kleinstfamilien ab. Positiv wirkt sich sicher eine damit verbundene größere Beachtung des einzelnen Kindes aus, andererseits nimmt die Anzahl der Bezugspersonen ab, denen sich das Kind bei Schwierigkeiten zuwenden kann und mit denen es verschiedene Kommunikations- und Sozialerfahrungen machen kann. Die Reduktion der sozialen Beziehungen in der Familie muss durch Kontakte in Kindergarten und Schule kompensiert werden. Diese Institutionen erhalten größere Verantwortung für die Sozialerziehung der Kinder. KindergärtnerInnen und LehrerInnen müssen sich darauf einstellen.

Der Wandel der Erziehungsziele

Der gesellschaftliche Wandel zeigt sich auch in der Formulierung von neuen Erziehungszielen. Dem gesellschaftlichen Ideal des mündigen Bürgers entspricht in der Familie das Ideal des selbstbewussten und autonomen Kindes.
War früher der Anspruch an die Kinder, Gehorsam zu leisten und Vertrauen in die Anordnungen und Vorschriften der Erwachsenen zu haben, selbstverständlich, so ist heute der Respekt vor der Entscheidungsfähigkeit und Selbständigkeit des Kindes in den Vordergrund gerückt. Der Umgang zwischen Eltern und Kindern ist zunehmend auf Verhandeln ausgerichtet – wie zwischen Part-

nern. Die Machtbalance zwischen den Generationen hat sich scheinbar zugunsten der Kinder verschoben.
In dem Idealbild kindlicher Autonomie lebt jedoch das Paradox von Freiheit und Zwang, Disziplin und Selbstbestimmung weiter. Das damit verbundene Spannungsverhältnis wird heute in das Kind hinein verlagert, denn an die Stelle des Gehorchens tritt die Selbstdisziplin, an die Stelle des Vertrauens in den Erwachsenen tritt Selbständigkeit. Die Entwicklung einer solchen Selbststeuerung ist jedoch ein komplizierter Prozess, der von den Eltern begleitet werden muss. Doch damit sind viele Eltern überfordert. Sie überlassen die Entwicklung von Selbststeuerung ihrem Kind.
Selbstbestimmung und Autonomie sind Fähigkeiten, die, wie alle anderen Fähigkeiten auch, erworben werden müssen. Wagner-Winterhager drückt das wie folgt aus: „Weder um Rückzug noch um Bevormundung kann es gehen, sondern darum, die Erziehungssituation als Nachhilfe aufzufassen und so zu gestalten und vor dem Kind so zu verantworten, dass das Kind fähig wird, ein gesundes Ich zu entwickeln, dessen Funktionen ihm dabei helfen können, ein autonomes Individuum zu werden. Nur so kann das Kind fähig werden, die Welt zunehmend mitzugestalten, ein flexibles Ich-Ideal zu entwickeln, das ihm die Möglichkeit gibt, mit sich selbst zufrieden zu sein.“ [5]
Zwar ist das Verhältnis der Eltern zu ihren Kindern heute stärker geprägt von einem partnerschaftlichen Verhältnis (verhandeln statt befehlen), jedoch sind die Kinder oft nicht in der Lage, die vorausgesetzte Selbstdisziplin aufzubringen. Die Folgen sind überforderte Kinder, die „über Tische und Bänke gehen“. Zur Überforderung gesellt sich das Gefühl der Einsamkeit.
Die Stilleübungen, die ich ausgesucht habe, sind einerseits eine Möglichkeit, die Selbstdisziplin bzw. Eigensteuerung zu fördern, und zum anderen helfen sie den Kindern, zu sich selbst, zur eigenen Mitte zu finden.

Leistungs- und Zeitdruck

Obwohl in Zeiten zunehmender Arbeitslosigkeit Bildungsabschlüsse keine Garantie für einen Arbeitsplatz und eine vorgezeichnete Karriere sind, hat dies nicht zu einer Abwertung der Bedeutung von Schule und Ausbildung geführt.

Die meisten Eltern wissen, dass gesellschaftliche Chancen und berufliches Fortkommen an Schulbildung gebunden sind. Die Anzahl der Kinder, die weiterführende Schulen besuchen, ist kontinuierlich gewachsen, denn die Erwartungen der Eltern an ihre Kinder haben sich verändert. Das (Einzel-)Kind ist heute stärker denn je Hoffnungsträger seiner Eltern. Sein Erfolg in Beruf und Gesellschaft bedeutet für die Eltern ein Stück Lebensglück. Dementsprechend ist die Fixierung auf gute Schulnoten verbreitet. Die gesteigerten Erwartungen, die auch von Grundschullehrern festgestellt werden, bleiben nicht ohne Auswirkungen auf die Kinder.

Die Eltern übertragen ihre Erwartungen auf die Lehrer. Sie fordern, wie Hermann Rosemann feststellt, dass „die Kinder rangenommen werden, dass sie Tag für Tag etwas vorweisen können. Wenn nichts zu Papier gebracht wird, sind die Eltern unzufrieden.“[6] Sie fürchten, ihr Kind könne im Vergleich mit anderen ins Hintertreffen geraten.

Auch in unserer Schule achten die Eltern darauf, ob die Kinder genügend Hausaufgaben zu erledigen haben. Sie kontrollieren die Arbeiten und formulieren ihre Erwartung an die Schule. Der Ehrgeiz der Eltern ist jedoch meist auf den kognitiven Bereich beschränkt. Obwohl das nachfolgende Zitat von Rosemann schon zwanzig Jahre alt ist, bringt es die heutige Situation in unserer Schule auf den Punkt: „Ehrgeizige Eltern verfolgen Tag für Tag die schulische Karriere ihres Sprösslings, registrieren peinlichst genau die Schwankungen seiner Erfolgs- bzw. Misserfolgsbilanz und halten sich auch über die übrigen wichtigen Ereignisse in der Schule auf dem Laufenden. Manche Mütter richten ihren Tagesablauf regelrecht nach Hausaufgaben…, schränken im Dienst der schulischen Karriere ihres Nachwuchses die

eigenen Hobbys ein.“ [7]
Viele Mütter entwickeln darüber hinaus ein nachmittägliches Zusatzprogramm von musischen, sportlichen und handwerklichen Aktivitäten, um ihre Kinder für das Leben zu rüsten. So haben die Kinder bereits Stress. Ihr natürliches Zeitbudget ist verplant. Stadt- wie Landkinder werden vom Chor zur Ballettausbildung, zum Flötenunterricht oder anderen Freizeitaktivitäten gefahren, weil dies als wesentlich für ihre Bildung betrachtet wird, wesentlicher als das Spielen mit Freunden. Das Bewältigen eines solchen Zeitplans erfordert einen jederzeit einsatzbereiten Fahrdienst. Das ist selbstverständlich Sache der Mütter. Viele Kinder werden morgens auch die wenigen hundert Meter zur Schule gefahren.
Im Glauben, den Kindern etwas Gutes zu tun, verhindern viele Eltern auf diese Weise soziale Kontakte und eigene Erfahrungen, indem sie die Zeit der Kinder für den äußerst wichtigen spielerischen Umgang mit Gleichaltrigen beschneiden.

Erziehung zu Konkurrenz

Nicht wenige Eltern sind derart in den Sog schulischen Leistungsdenkens geraten, dass sie dem freien kindlichen Spiel kaum mehr einen Sinn abgewinnen können. Auch die Auswahl der Freunde wird elterlicherseits beeinflusst. Die mitgebrachten Freunde werden nach Schulleistung und sozialem Verhalten klassifiziert. Das geht so weit, dass einzelne Eltern der Schule bzw. der Lehrerin vorschreiben wollen, neben wem ihr Kind nicht sitzen dürfe. Selbst im ersten Schuljahr werden die spontanen Sozialbeziehungen der Kinder nach dem Nützlichkeitsaspekt bewertet.
Der Konkurrenzdruck der Leistungsgesellschaft ist bis in die Grundschulen vorgedrungen. Der „Abschreiber“, der früher von der Klasse geduldet wurde, bekommt zunehmend einen schweren Stand. In meinem ersten Schuljahr bauen fast alle Kinder täglich Mauern aus ihren Mäppchen um sich herum, damit niemand „abgucken“ kann. Sie sehen in ihren Mitschüler bereits Konkurrenten.

Zweifellos bemühen sich die Eltern darum, dass es den Kindern im Reservat Kindheit an nichts mangelt. Doch was nützen alle wohlmeinenden Maßnahmen, wenn das Kind nur als Werdendes, nicht als „jetzt hier und so Seiendes“ akzeptiert wird. Das Kind soll lernen, lernen, lernen, bis es alle erforderlichen Zeugnisse beisammen hat.

Freizeit und Medienkonsum

Viele Kinder besitzen heute ein eigenes Fernsehgerät und haben auch tagsüber die Verfügungsgewalt darüber. Hinzu kommen die anderen Medien wie Computer, Videorecorder, CD-Player, Kassettenrecorder. Der extensive Gebrauch dieser Medien charakterisiert die Kinder von heute. Über die Auswirkungen des gesteigerten Fernsehkonsums ist viel diskutiert worden. Meine Ablehnung gegenüber dem Fernsehen ist weniger in der Kritik an den vermittelten Inhalten als vielmehr in der Tatsache begründet, dass Kinder auf diese Weise viel wertvolle Zeit zum Spielen verlieren. So fehlt ihnen wertvolle Übung im motorischen und sozialen Bereich. An die Stelle sinnlicher Erfahrungen treten solche aus zweiter Hand.

Die permanente Reizüberflutung durch die elektronischen Medien führt dazu, dass Kinder weniger in der Lage sind, sich zu konzentrieren, sie finden keine Ruhe mehr, genau hinzuhören, sie nehmen nur oberflächlich wahr. Gerade beim Fernsehen bleibt keine Zeit zum Nachsinnen und Nachdenken, da die schnell wechselnden Bilder und kurzen Schnitte das gerade Gesehene schon wieder zur Seite schieben. Zusammenfassend kann man sagen:

- Kinder haben Defizite in der Erlebniserfahrung und in der sinnlichen Wahrnehmung.
- Kinder werden mit bestimmten Erwartungshaltungen der Eltern partiell überfordert und allein gelassen.
- Die Bedeutung der Familie für die Sozialisation des Kindes ist gesunken.

- Die außerfamiliäre Erziehung der Kinder wird immer wichtiger.
- Die Primärerfahrungen der Kinder treten zurück hinter Erlebnissen aus zweiter Hand.
- Der freie Raum natürlicher Spielfelder verschwindet fast völlig.
- Leistungsdruck und verplante Zeit haben stark zugenommen.
- Im Reservat Kindheit sind die Möglichkeiten, von Erwachsenen unkontrollierte und unkommentierte soziale Erfahrungen zu machen, stark eingeschränkt.

Diese Veränderungen führen zu den schon seit Jahren viel beklagten Verhaltensauffälligkeiten in der Schule. (Montessori hat die Folgen für die unangemessenen Bedingungen während des Heranwachsens der Kinder als „Deviation" bezeichnet. Das Kind verlässt die natürliche Linie des Wachstums und zeigt bestimmte Verhaltensweisen wie Verlogenheit, Streitsucht, Gehässigkeit, Stottern, Zerstörungslust, Ungehorsam und mangelnde Aufmerksamkeit.[8]) Das überforderte und innerlich angespannte Kind neigt verstärkt zu Aggressionen und zu Streitigkeiten. Die Schule muss auf diese Veränderungen reagieren.

Soziale Erfahrungen und Schule

Soziale Erfahrungen und Schule

Als Antwort auf die reduzierten Möglichkeiten, soziale Fähigkeiten außerhalb der Schule zu entwickeln, kommt dem Aspekt des erziehenden Unterrichts eine immer stärkere Bedeutung zu. Schule kann heute nur noch dann Lebenshilfe geben, wenn sie die Defizite sozialer Erfahrungen ausgleicht und Sensibilität und Empathie fördert.

Der Begriff „Soziales Miteinander"

Hinter dem Begriff „Soziales Miteinander" steht ein Bild, das den Menschen als soziales Wesen definiert. Der Mensch ist ein erziehungsbedürftiges Wesen. Er ist ohne seine Mitmenschen nicht denkbar.
Lernen in der Schule ist immer auch soziales Miteinander. Das soziale Miteinander in den ersten Klassen bewegt sich im Spannungsfeld zwischen Ich und Du, zwischen den eigenen Wünschen und Bedürfnissen und den Wünschen und Bedürfnissen anderer. Dieses Ich und Du bezieht sich sowohl auf das Verhältnis unter den Schülern als auch zwischen Schülern und Lehrern.
Ob in Einzel-, Partner- oder Gruppenarbeit, in jeder Unterrichtsform wird eine soziale Wirklichkeit geschaffen. Von H. Meyer stammt der Satz: „Bildung kann jede(r) nur für sich selbst erwerben... Der Bildungsprozess erfolgt aber in der Gemeinschaft."[9]
Nach Hielscher hat die Grundschule die Aufgabe, Selbstkompetenz, Sozialkompetenz und Sachkompetenz zu vermitteln.[10] Diese drei Kompetenzbereiche sind wechselseitig aufeinander bezogen, wobei im Elementar- und Primarbereich ein deutlicher Schwerpunkt auf Selbst- und Sozialkompetenz liegt.

Sozialkompetenz lässt sich in folgende Fähigkeiten unterteilen:

1. Kooperatives Verhalten

2. Konfliktlösungsverhalten
3. Toleranz

Zu jeder dieser Fähigkeiten lassen sich verschiedene Lernziele formulieren:

Lernziel Kooperatives Verhalten

Die Schüler sollen lernen,

- Regeln zu formulieren, zu akzeptieren und diese auch einzuhalten,
- anderen zu helfen und sich selbst helfen zu lassen,
- eigene Bedürfnisse zugunsten gemeinsamer Handlungen und Ziele vorläufig zurückzustellen,
- andere in gemeinsames Handeln miteinzubeziehen.

Lernziel Konfliktlösungsverhalten

Die Schüler sollen lernen,

- positive und negative Konfliktlösungsmöglichkeiten zu erkennen und zu unterscheiden,
- zwischen Personen und deren Meinung zu unterscheiden,
- zu verzeihen,
- berechtigte Interessen anderer zu erkennen,
- in Konfliktsituationen flexibel zu reagieren.

Lernziel Toleranz

Die Schüler sollen lernen,

- auf andere Rücksicht zu nehmen,
- die Leistungen anderer anzuerkennen,
- die Individualität anderer zu respektieren,
- Außenseiter in eigene oder gemeinsame Spiele miteinzubeziehen.

Grundlagen für den Erwerb sozialer Kompetenz

Soziales Verhalten wird im Laufe eines ganzen Lebens erworben. Soziales Lernen ist nie abgeschlossen, und es kann nur in Gruppen stattfinden. Der Erwerb sozialer Kompetenz ist an die Entwicklung des Kindes, an seinen biologischen und kognitiven Reifezustand gebunden. Soziales Lernen setzt Entwicklung der Persönlichkeit, der Emotionen und der kommunikativen Kompetenz voraus. Es lassen sich folgende Entwicklungsziele beschreiben:

1. Personale Entwicklungsziele:

- sich als eine unverwechselbare Person erkennen und mit allen Stärken und Schwächen akzeptieren,
- Wertmaßstäbe für das eigene Handeln entwickeln,
- Kritik ertragen,
- zuverlässig und hilfsbereit sein.

2. Emotionale Entwicklungsziele:

- mit anderen empfinden und sich in sie hineinversetzen,
- eigene Gefühle bemerken und deren Auslöser erkennen,
- eigene Ängste akzeptieren und verarbeiten,
- fremde Ängste nicht verstärken,
- Hemmungen im Umgang mit anderen abbauen,
- Bedürfnisse aufschieben, wenn es notwendig erscheint.

3. Kommunikative Entwicklungsziele:

- die eigene Meinung darstellen und begründen,
- Verhaltenswünsche äußern,
- mit anderen Kontakt aufnehmen und ihnen zuhören,
- sich in Gesprächen auf andere beziehen,
- Perspektivenwechsel vornehmen.

Unterricht und Erziehung als Auftrag der Schule

Das soziale Miteinander soll nach dem Lehrplan des Landes Nordrhein-Westfalen durch einen erziehenden Unterricht realisiert werden. Dort heißt es, dass die Kinder befähigt werden sollen, „Möglichkeiten und Regeln des Miteinanderlebens [zu] entwickeln; mit eigenen Bedürfnissen und den Bedürfnissen anderer um[zu]gehen; Konflikte [zu] ertragen und zu lösen versuchen; Verantwortung für eigenes Handeln und für Mitmenschen [zu] übernehmen."[11] Hielscher nennt dies „Erziehung zur Menschlichkeit"[12].

Unabhängig von divergierenden Wertvorstellungen, die in der pluralistischen Gesellschaft miteinander konkurrieren, ist die Aufgabe der Schule nicht auf die Wissensvermittlung allein beschränkt. Schule beinhaltet auch die Verwirklichung eines Erziehungsauftrags. Schule *soll* nicht nur erziehen, Schule *muss* erziehen; das ist eine ihrer originären Pflichten. In H. Heckels „Schulrechtskunde" heißt es: „Der staatliche Erziehungsauftrag ist dem elterlichen Erziehungsrecht nicht nach-, sondern gleichgeordnet. Er bedeutet nicht nur Vermittlung von Wissensstoff, sondern hat auch zum Ziel, den einzelnen Schüler zu einem selbstverantwortlichen Mitglied der Gesellschaft heranzubilden."[13] Der erziehende Unterricht richtet sich an den Zielen aus,

- die Kinder zur mündigen, d. h. gleichberechtigten Teilnahme am gesellschaftlichen Leben vorzubereiten,
- die Kinder zur Übernahme sozialer Verantwortung zu führen.[14]

Die Ausgangssituation in der Klasse 1b

Die Klasse 1b ist eine Regelklasse mit 26 Kindern, davon sechs Mädchen und zwanzig Jungen im Alter von sechs bis sieben Jahren. Wir haben keine Wiederholer und kein Kind aus dem Schulkindergarten.

Die ungewöhnliche Zusammensetzung der Klasse ergibt sich durch die Wahl der Eltern. So haben sich die Eltern der Mädchen mehrheitlich für die Montessori-Klasse entschieden, während der überwiegende Teil der Eltern von Jungen die Regelklasse für ihr Kind bevorzugte. Den Wünschen der Eltern wurde Rechnung getragen. Da die Klasse jedoch bei allen Lehrern als äußerst anstrengend gilt, würde eine derartige geschlechtsspezifische Zusammensetzung so nicht noch einmal praktiziert werden.

Zwei Kinder haben eine doppelte Staatsbürgerschaft. Beide sprechen und verstehen Deutsch ohne jede Einschränkung. Alle Kinder sind den kognitiven Anforderungen gewachsen.

In der Klasse 1b erteile ich Mathematik und Sprache. Ich habe ein herzliches Verhältnis zu den Schülerinnen und Schülern. Die Klasse ihrerseits bringt mir Offenheit und Vertrauen entgegen. Alle Kinder kommen gern in die Schule. Der Unterricht erfolgt in der Regel im Klassenverband. Partner- und Gruppenarbeit sind eingeführt.

Das Interesse der Kinder an schulischem Lernen ist durchschnittlich. Alle wollen Lesen, Schreiben und Rechnen lernen; sie sind durchschnittlich motiviert. Insofern ist es eine Klasse wie jede andere auch. Dennoch ist es schwer, hier zu unterrichten. Viel Zeit geht durch Ermahnungen verloren, immer wieder gerät der Unterricht ins Stocken. Das kommt in allen Fächern und bei allen Unterrichtenden unabhängig von der Art der Unterrichtsdarbietung vor.

Szenen einer Unterrichtsstunde

Die Klasse hat sieben verhaltensauffällige Schüler. Das Hauptproblem dieser Schüler ist die mangelnde Anpassungsfähigkeit an die Anforderungsstrukturen von Schule im sozialen Bereich; dazu gehören:

- das Akzeptieren neuer Bezugspersonen,
- die Zusammenarbeit mit anderen,
- das Akzeptieren des zugewiesenen oder zufälligen Arbeitspartners,
- das Akzeptieren von fremdbestimmten Aufgaben und Zielsetzungen,
- die Bereitschaft, eigene Bedürfnisse aufzuschieben,
- die Fähigkeit, anderen zuzuhören,
- das Ertragen von Konkurrenz,
- die angemessene Reaktion auf Aufforderungen und Anweisungen,
- das Sich-Einfügen in eine Gesprächsordnung,
- das Akzeptieren von Bewegungseinschränkungen.

Die Kinder bringen diese Fähigkeiten nicht nur in unterschiedlichem Maße mit, auch die Bereitschaft, sie zu erwerben, variiert stark. Es ist auffällig, dass in dieser Klasse nur Jungen Defizite in diesem Bereich aufweisen. Diese sieben Jungen zeigen ein querulantes, aggressives und lautes Verhalten. Sie haben eine stark eingeschränkte Selbstdisziplin. Die notwendige Selbststeuerung, Voraussetzung für ein partnerschaftliches Verhalten, ist nur in Ansätzen vorhanden.
E. Kühnberger beschreibt in „Disziplin durch Selbstfindung“ eine Szene, wie sie sich auch in meiner Klasse in den ersten Wochen hätte abspielen können:
„Mir war nicht bewusst, welche Probleme allein die Aufforderung: ‚Wir setzen uns mit unseren Stühlen in den Kreis‘ bei dieser Klasse auslösen würde. Es gab ein wildes Gerenne mit den Stühlen. Einige Gruppen von drei bis vier Kindern setzten sich nebeneinander und verkeilten sich mit Füßen und Armen, um kein anderes Kind vorbeizulassen. ... Wagte es jemand, wurde er getreten

und geschlagen. Andere Kinder rannten unter lautem Gekreische in der Klasse umher. Thomas kroch wieder unter den Tischen durch, warf aber jetzt auch Ranzen von den Haken an den Tischen und leerte die Ranzen aus. ... Nun fingen auch andere Kinder an, zu kriechen und auf den Tischen herumzuhüpfen. ... Ich ging zu einzelnen Gruppen von Kindern und forderte sie auf, sich wieder an die Tische zu setzen. Hatte ich aber eine Gruppe zur Ruhe gebracht, so begann in einer anderen Ecke des Klassenzimmers schon eine neue Schlägerei. Ein paar Kinder sahen die Unterrichtsstunde als beendet an und liefen ins Schulhaus oder in den Schulhof.“ [15]

Im ersten Halbjahr gab es in meiner Klasse Situationen, die der hier beschriebenen sehr ähnlich waren. Als ich diese Zeilen gelesen hatte, war ich daher sehr erleichtert, dass an anderen Schulen ähnliche Erfahrungen gemacht wurden.

Ausgewählte Probleme des Sozialverhaltens

Ich werde im Folgenden kein geschlossenes und abgerundetes Bild der Klasse zeichnen, sondern lediglich einzelne Bereiche ansprechen, die für die Arbeit relevant sind.

Umgang mit Absprachen und Regeln

Die Lerngruppe ist zunächst eine Art Zwangsgemeinschaft von Gleichaltrigen. Damit das gemeinsame Lernen und Arbeiten möglich ist, müssen Regeln vereinbart und eingehalten werden.

Eine der wichtigsten Regeln in der Sozialform Klasse ist das Beachten der Gesprächsregeln, also der Grundsatz, dass jeder zu Wort kommt, dass aber immer nur einer reden kann und dass nur derjenige redet, der in irgendeiner Form autorisiert ist. Diese Regeln sollten die Kinder meines Erachtens nach einem halben Jahr wenigstens über einzelne Unterrichtsphasen einhalten können. Das ist jedoch nicht so. Die Sprechfreudigkeit von vielen Jungen ist so groß und so ungezügelt, dass dadurch ein Großteil der anderen Kinder benachteiligt wird. Die Stilleren kommen nicht zu ihrem Recht, Überlegungen anzustellen und Antworten zu finden, weil andere undiszipliniert in die Klasse rufen. So haben vor allem Sebastian, Marcus, Tobias und Mido hier schwere Defizite.

Umgang mit Konflikten

Eigene Stärke und die Freiheit, sie zu gebrauchen, können bei dem einen Kind zu Egoismus führen, bei dem anderen Verantwortungsbewusstsein ausbilden.
Die meisten Kinder konnten in der Klasse sozial-emotionale Sicherheit entwickeln. Sie konnten verlässliche Bindungen aufbauen und erste Freundschaften eingehen. Das trifft für den größten Teil der Gruppe zu. Die Kinder lösen ihre Konflikte entweder allein, oder, was noch sehr häufig geschieht, sie kommen zum Lehrer und suchen dort Hilfe. Das ist in meinen Augen nicht negativ zu bewerten. Diese Kinder können langsam an eine Selbstregulation bei Streitereien herangeführt werden.
Einige Jungen fallen durch ihre aggressiven Problemlösungsstrategien auf. Zu dieser Gruppe gehören drei Kinder. Sie sind in vier von fünf Streitereien verwickelt. Zeitweise verfeindet, dann wieder befreundet, dominieren sie mit ihrem Verhalten immer wieder die ganze Gruppe. Das sind Sebastian, Jens und Henry. Mit allen Eltern wurde bereits mehrfach gesprochen, die Erfolge sind mäßig.
Henry z.B. hat seine Handgreiflichkeiten in letzter Zeit „aus Versehen" begangen. Da landet seine Faust bei jemandem am Kopf oder im Magen, da geht ein Kind zu Boden. Bei Henry ist alles „aus Versehen" passiert. Andere sind immer die Schuldigen, geprügelt wird nur, weil der andere angefangen hat. Bei diesen Kindern gibt es auch noch kein Gefühl für das, was wir mit „Verhältnismäßigkeit der Mittel" bezeichnen. Es kommt schnell zu grobem Verhalten.

Kooperation mit Partnern und Gruppen

Dass man viele Aufgaben nicht alleine bewältigen kann, weiß jeder. Deshalb gehört die Fähigkeit zur Kooperation zu den Schlüsselqualifikationen der Lern- und Arbeitskompetenz. Diese Fähigkeit ist im ersten Schuljahr noch nicht zu erwarten. Dem steht auch das ausgeprägte Konkurrenzverhalten einzelner Kinder im Wege. Die Kinder konnten bisher nur in bescheidenem Umfang Partner- oder Gruppenarbeit kennenlernen. Meine Versuche, den Frontalunterricht zu durchbrechen und andere Arbeitsformen einzuführen, scheiterten verschiedentlich an fehlender Selbstdisziplin der Kinder. Aber Kooperation hängt nicht nur von Persönlichkeitsfaktoren ab, sondern auch von geeigneten Aufgabenstellungen und Übungsmöglichkeiten. Alle Mädchen und einige Jungen meiner Klasse können sozial differenziert kooperieren.

Auffällige Kinder

Exemplarisch beschreibe ich im Folgenden vier Kinder mit ihren jeweiligen Schwierigkeiten.

Sebastian ist Adoptivkind. Er ist ein typischer Einzelkämpfer. Sein Verhalten spiegelt die Einstellung wider: „Der Weg nach oben geht nur auf Kosten anderer." Er zeigt ein starkes Konkurrenzverhalten gegenüber seinen Mitschülern. Sein Bestreben ist es, besser und schneller als alle anderen zu sein. Sebastian will der Erste sein, der zur Pause geht, der seine Milch haben will etc. Gelingt es ihm nicht, so greift er zu unfairen Mitteln. Dann wird alles, was ihm dabei im Wege steht, rabiat zur Seite geschoben, auch seine Mitschüler. Er versucht sich auf Kosten seiner Klassenkameraden zu profilieren, lacht über Missgeschicke und Fehler der anderen und beschimpft sie als „Doofies". Seine ständigen Zwischenrufe zeigen, dass er keine Selbstdisziplin üben kann.
Sebastian hat einen starken Bewegungsdrang. In den Pausen rennt er ununterbrochen auf dem Schulhof herum. In den Unterrichtsstunden kann er nicht still sitzen, er hampelt auf dem Stuhl oder liegt auf dem Tisch.
Seine Mitschüler haben zu ihm ein ambivalentes Verhältnis. Einerseits spüren sie sein rücksichtsloses Verhalten, andererseits ist er für sie der Held, den sie sonst nur aus dem Fernsehen kennen. Seine Mitschülerinnen betrachtet

er geringschätzig. Sein Bestreben, soziale Anerkennung zu erhalten, zeigt sich auch darin, dass er auf dem Heimweg des öfteren von der Polizei oder von Eltern aufgegriffen worden ist, weil er mitten auf die Fahrbahn vor die fahrenden Autos sprang.
Sebastian erledigt seine Aufgaben außerordentlich schnell und meistens auch richtig, legt aber keinerlei Wert auf eine sorgfältige Ausführung.

Jens. Als er in die Schule kam, bereitete ihm das Lesen kaum noch Schwierigkeiten. Er konnte ganze Sätze mit Verständnis lesen. Für ihn waren die Probleme im sozialen Bereich groß. Er war und ist heute noch voller Spannungen, die familiären Ursprungs sind. Die Trennung der Eltern macht ihm zu schaffen. Daran konnte auch die erneute Heirat der Mutter nichts ändern. Der jetzige Vater zeigt zwar Interesse an seinem Stiefsohn, entkrampft ist die Situation aber noch nicht. Jens ist weiterhin unkonzentriert und aggressiv. Leicht jähzornig schreckt er auch vor Faustschlägen ins Gesicht nicht zurück. Seine Eltern sehen ihn nicht gerne mit Sebastian zusammen (Sündenbock) und streben die Höherstufung in die 2. Klasse an. Wenn er sich beleidigt fühlte, drohte er schon mehrfach, die Schule zu verlassen und nach Hause zu gehen. Das hat er bisher aber noch nicht in die Tat umgesetzt.
Leider ist der ganze Bereich von Phantasie und Kreativität bei ihm verkümmert. Das zeigt sich zum Beispiel darin, dass er nur „Dienst nach Vorschrift" machen kann. Jede Ausschmückung oder eigenständige Fortführung einer Aufgabe fehlt. Wenn er keine Lust hat, packt er seine Sachen zusammen. Er arbeitet schnell, wenn er die Aufgaben lösen kann. Sebastian und er bilden ein störendes Gespann.

Mido ist ein adoptiertes Kind aus dem Iran. Er lebt mit seinen Eltern und einem zehn Jahre älteren Bruder seit seinem zweiten Lebensjahr hier. Er hat eine schwere Verhaltensstörung und befindet sich in therapeutischer Behandlung. Kognitive Schwierigkeiten hat er nicht, sein

Ausdrucksvermögen ist überdurchschnittlich.
An manchen Tagen liegt er in jeder Stunde am Boden und ist nicht ansprechbar. Dem Unterricht folgt er dann aus dieser Perspektive. Jeder Versuch, sich ihm zu nähern endet in einem fürchterlichen Abwehrkampf. Lässt man ihn liegen, so stellt sich die Normalität am unkompliziertesten wieder ein. Mido hat ein ausgesprochen hohes Anspruchsniveau bei gleichzeitig niedriger Fehlertoleranz. Er ist unfähig, Hilfe vom Lehrer oder von Schülern anzunehmen. So führen ihn fast alle Tätigkeiten zu Frustration und Aggression. Dann wirft er seine Stifte, Radiergummi, Hefte und Bücher durch die Klasse, zerreißt die Arbeitsblätter und schreit, wird aber gegen andere Kinder nicht handgreiflich. Manchmal bereitet ihm der permanente Lärm der Klasse Stress. Dann schreit er nach Ruhe. Mido kann die Stille sicher gut gebrauchen.
Er genießt bei mir einen Sonderstatus, d. h. die Klasse weiß, dass sich kein anderer so verhalten darf, was auch akzeptiert wird.

Lars kommt aus ganz normalen Familienverhältnissen. Er hat noch eine jüngere Schwester. Vor ca. einem Jahr hat er ihr mit einem Messer das Auge stark verletzt, seither ist er in therapeutischer Behandlung. Er hat zu keinem Kind aus der Klasse einen engeren Kontakt. Verschiedene Tischnachbarn haben sich von ihm weggesetzt. Er ist nicht aggressiv gegen Kinder – er beschädigt ihr Eigentum. Lars liebt es, schulisches Inventar anzumalen, in einem unbeobachteten Moment die Tafel auszuwischen oder, ohne die Miene zu verziehen, permanent zu summen. Einmal hat er in der Schule eingenässt. Es ist schwer, einen stabilen Kontakt zu ihm aufzubauen. Ein Junge wie Lars hat es in der Klasse sehr schwer; er ist stark zurückgezogen und macht auch nur dann seine Aufgaben, wenn er Lust hat. Auf Drängen blockt er ganz ab und flüchtet in eine Phantasiewelt. Er assoziiert dann zu allem, was man sagt, ein unsinniges Reimwort, eine lustige Verdrehung, irgend etwas, hinter dem er sich verstecken kann.
Lars wechselt demnächst den Wohnort und verlässt die

Klasse. Er ist ein Kind, dem unsere Schule nicht gerecht werden konnte.

Geschlechtsspezifische Verhaltensweisen

In der Klasse 1b zeigen sich eine Reihe von typischen Unterschieden in Bezug auf Jungen und Mädchen:

- Wenn Störungen registriert werden, kommen sie von den Jungen, und zwar von einigen wenigen.
- Die Mädchen zeigen ein angepasstes Verhalten, sie arbeiten sach- und leistungsorientiert.
- Der größte Teil der Aufmerksamkeit des Lehrers ist auf die Jungen gerichtet.
- Die Mädchen werden für ihre Zurückhaltung gelobt.
- Die Jungen prägen das soziale Klima in der Klasse.
- Es gibt bei den Jungen das Gefühl, gegenüber den Mädchen benachteiligt zu sein. (Nur in der Stille sind Jungen und Mädchen gleich.)

Das soziale Miteinander in einem ersten Schuljahr

Schule ist der gemeinsame Lebens- und Erfahrungsraum der Kinder, in dem sie vertrauensvolle Bindungen zu Mitschülern und zu den Lehrern aufbauen.

„Dabei", schreibt H. Nickel, „stehen in den ersten Grundschuljahren die Beziehungen zum Lehrer im Mittelpunkt, während die Bedeutung der Altersgruppe demgegenüber zunächst zurücktritt."[16] Unter günstigen schulischen Bedingungen enwickelt sich ab dem neunten Lebensjahr ein Zusammengehörigkeitsgefühl mit der Altersgruppe.

Das soziale Miteinander beruht auf der Selbst- und Sozialkompetenz, wobei die Selbstkompetenz Grundlage für die Entwicklung der Sozialkompetenz ist. Gerade in einem ersten Schuljahr ist die Selbstkompetenz bei den Kindern unterschiedlich entwickelt, und die Fähigkeit zur Selbststeuerung befindet sich noch in einem Anfangsstadium. (Vgl. Seite 15: „Der Wandel der Erziehungsziele"). Aus den gesamten Erziehungszielen für die Entwicklung der Sozial- und Selbstkompetenz sind folgende Ziele in einem ersten Schuljahr elementar:

- Regeln einhalten, die das Zusammenleben in einer Klasse erleichtern,
- eigene Bedürfnisse und Wünsche aufschieben,
- eigene Wünsche und Meinungen vortragen und begründen,
- Bedürfnisse und Wünsche anderer wahrnehmen und akzeptieren,
- mit anderen in der Gruppe oder zu zweit zusammenzuarbeiten,
- anderen helfen und sich helfen lassen,
- Interessenkonflikte friedlich austragen.

Stille und Stilleübungen

Stille und Stilleübungen

Die Stille als ein didaktisches Element der Schule ist nicht neu. Sie hat ihre Ursprünge bereits bei Rousseau, findet Beachtung bei Montessori und bei Peter Petersen und wird mit der Rückbesinnung auf die reformpädagogischen Ansätze und Ideen der zwanziger Jahre heute wiederentdeckt. (Einen Überblick darüber gibt H. Olbinger in seinem historischen Abriß „Schweigen und Stille in der Erziehung.“[17])

Der etwas andere Begriff der Stille

Mit Stille, wie sie hier verstanden wird, ist nicht das Fehlen von Geräuschen, das Aufhören des Lärms, das Unterdrücken von Unarten und Störungen der Schüler gemeint. Stille in meinem Sinn ist etwas anderes als Stille im physikalischen Sinn. Stille, wie sie hier gemeint ist, hat viele unterschiedliche Aspekte:

- Stille ist Ausdruck eines inneren Zustandes, bei dem man sich einer sinnlichen Wahrnehmung öffnet.
- Stille ist ein aktiver Zustand, in welchem man sich selbst erfahren kann.
- Stille ist mehr als den Mund halten: „Sie ist Hinwendung zur eigenen Mitte, Konzentration der inneren Kräfte, Sammeln, Begreifen, Besinnen, Verstehen.“ (K. Burk[18])
- Stille ist die Chance, „etwas entdecken [zu] können, das immer da ist, das wir nur nicht wahrnehmen“ (G. Maschwitz[19])
- Stille ist eine „grundlegende [und erlernbare] Disposition, in der der junge Mensch sich auf sich selbst zurückziehen, sammeln, zur Wahrheit kommen und Wurzeln schlagen kann.“ (M. Reichgeld[20])
- Stille ist das Gegenteil des Zustandes innerer Anspannung; innere Stille bedeutet Ruhe, Gelöstheit, Gelassenheit, Entspannung, Zu-sich-kommen.

- „Stille ist kein Ziel, Stille ist die Chance, die Fülle des Lebens zu entdecken." (G. u. R. Maschwitz[21])
- Stille üben bedeutet nicht Untätigkeit, sondern etwas *ganz* tun.

Stille entsteht während einer Stilleübung durch Konzentration auf eine Sache. Und obwohl die wenigsten Stilleübungen völlig ohne Geräusche verlaufen, sind es gerade die leisen Töne, die die Stille unterstreichen. Leises Sprechen des Lehrers, Klänge oder leise Musik machen Stille dann auch vernehmbar bzw. heben sie hervor.
H. Jenchen drückt das wie folgt aus: „Stille ist – wissenschaftlich gesehen – eine kaum einzuordnende Größe. Stille lässt sich weder objektiv noch kognitiv ‚greifen'. Stille ist ein subjektiver Erfahrungswert"[22].

Stille, wie sie hier nicht gemeint ist

Stille im Unterricht, das ist meist ein Zustand, der zunächst vom Lehrer hergestellt werden muss, zu Beginn des Unterrichts. Dieser Zustand bedeutet dann die Abwesenheit von Geräuschen, die von den Kindern verursacht werden. Das Reden mit den Nachbarn muss unterbleiben, das Spielen mit Gegenständen, das Kippeln auf dem Stuhl oder andere störende Aktivitäten der Kinder.
Diese Art der Stille ist ein den Kindern auferlegter Zustand; er ist äußerlich. In seinem Artikel „Mit Kindern Stille entdecken" beschreibt M. Reichgeld dies folgendermaßen: „Was wir in unseren Schulen gemeinhin an Stille erleben, ist nicht selten eine äußere, den Kindern durch entsprechende Maßnahmen aufgezwungene, bei der innere Unruhe und Beziehungslosigkeit fortbestehen und nur vorübergehend verdrängt werden von Autoritäten und erprobten Disziplinierungsmaßnahmen. Lärm und unverhohlene Aggressionen lassen sich so allenfalls in eine ausdruckslose innere Abwesenheit überführen. In dieser trügerischen Ruhe sind dann alle Voraussetzungen gegeben, niemals wirklich zu einer ruhigen inneren Haltung zu kommen."[23] Von dieser Art Stille ist hier nicht die Rede.

Andere Techniken der Entspannung und Konzentration

„Stilleübung" ist kein fest definierter Begriff, der von allen auf gleiche Weise verstanden wird. Obwohl es bei allen Stilleübungen um Stille und innere Einkehr geht, also um Elemente, die auch im Autogenen Training oder der Meditation vorkommen, verfolgen sie andere Ziele.

Autogenes Training

Autogenes Training (AT) ist eine Selbstentspannungsmethode, bei der durch Entspannung von Muskulatur und Blutgefäßen das vegetative Nervensystem beeinflusst wird.

Das AT lebt auch von der konzentrativen Wahrnehmung und Entspannung, führt aber nicht unbedingt zur Stille, wie sie vorher beschrieben wurde. In den „Märchen zum Entspannen und Träumen"[24] von Else Müller z. B. werden die formelhaften Vorsätze des AT in eine lebendige Sprache umgesetzt und mit bildhaften Vorstellungen verbunden. In diese phantasieanregenden Geschichten sind die therapeutischen Ziele des AT integriert.

Diese von Else Müller zusammengetragenen Phantasiereisen sind Übungen des Autogenen Trainings im Gewand von Phantasiereisen. Sie sind sicher reizvoll und wohltuend, fördern jedoch nicht das soziale Miteinander der Kinder. Else Müllers Ziele decken sich mit denen des AT und bleiben von der Intention her auf die Ebene der muskulären Entspannung beschränkt. Das Autogene Training erhebt auch nicht den Anspruch, das soziale Miteinander zu stärken.

Meditation

Meditation ist das geistige, oft religiöse Sich-Versenken (Buddhismus, Hinduismus, europäische Mystik), es ist ein konzentriertes Nachdenken. Die Aufforderung, ruhig zu werden, ein Bild zu betrachten, einen Text zu bedenken oder im Sitzkreis auf dem Boden ein Gespräch zu führen, ist nicht als Meditation zu bezeichnen. Meditation setzt erfahrene Anleitung, beständiges Üben und tiefen Ernst voraus. Mit dieser religiös-weltanschaulichen Tradition habe ich keine Erfahrungen, sie ist in meinen Stilleübungen nicht vertreten.

Der wesentliche Unterschied zur Stilleübung liegt auch hier in der fehlenden Reflexion der Erfahrungen. Stilleübungen sind dadurch gekennzeichnet, dass im Anschluss an ihre Durchführung über Erfahrungen mit der Übung und die innere Befindlichkeit dabei gesprochen wird.

Stilleübungen

In diesem Buch sollen Stilleübungen als Phasen während oder vor dem Unterricht verstanden werden, die frei von Leistungsdruck sind und das Ziel haben, sich von äußerlichen Attraktionen abzuwenden und Erfahrungen in den eigenen „inneren Räumen" (G. Faust-Siehl[25]) zu ermöglichen. Ich verstehe darunter die planmäßigen Bemühungen, die Momente der Stille zu erweitern und Ruhe, Entspannung und Konzentration zu einem Bestandteil des schulischen Alltags zu machen. Sie zielen auf einen veränderten Modus der Wahrnehmung und beziehen die Sinne und die Emotionalität des Schülers in das schulische Lernen ein.
Stilleübungen zielen auf das ganzheitliche Erfassen der Welt und gehen damit über den kognitiven Bereich hinaus. Sie kommen ohne Ergebniszwang aus. Im Mittelpunkt der Übung steht der/die Übende selbst: er/sie übt sich.

Aufgaben und Ziele von Stilleübungen

Stilleübungen im Unterricht sollen Räume schaffen, in denen dem Kind Zeit gegeben wird:

- bei einer Sache zu verweilen,
- sich zu öffnen und sensibel zu werden,
- sich zu entspannen,
- etwas mit allen Sinnen zu erfahren,
- eine Sache ganz zu tun.

Dabei soll sich ein emotionales Berührtsein auch in Schweigen ausdrücken. H. Jenchen weist darauf hin, daß gerade die Ziele, die im Bereich des Emotionalen liegen, meist nicht operationalisierbar sind. Daher sollte sich der Lehrer hüten, hier im Sinne des herkömmlichen Unterrichts zu agieren.[26]
Stille hat nach Faust-Siehl in der Grundschule zwei Funktionen für Lehrer und Schüler:[27]

1. Eine ausgleichende Funktion: Stille schafft mit Ruhe und Eigenständigkeit ein Gegengewicht zu den heutigen Lebensbedingungen; die Stille hält die Hektik der Ereignisse einen Augenblick an; das ist für die Kinder in der Regel angenehm;

2. eine persönlichkeitsfördernde und bildende Funktion: Stille eröffnet neue Wahrnehmungsmöglichkeiten; die Übungen können so zu innerer Veränderung beitragen; durch Öffnen der Wege zu sich selbst wird das Kind als Person gestärkt (personale Kompetenz).

Stille darf jedoch niemals eine disziplinierende Funktion haben. Sie „muß sich den Kindern gegenüber durch ihre Wirkungen und Früchte rechtfertigen." (Faust-Siehl [26])

Bedingungen für Stille und Stilleübungen

Die Stille des Lehrers

„Lehrer/innen, die selbst kein Verhältnis zur Stille haben und nicht innehalten in Spiel und Muße, werden nicht zur Ruhe und Besinnung kommen und kaum in der Lage sein, Gleichmaß und Nachdenklichkeit bei den Kindern anzuregen.“[28] Mit diesem Satz will Reichgeld deutlich machen, dass der Lehrer bei sich selbst beginnen muss, um den Weg der Stille einschlagen zu können. Seine Stille ist es, die auf die Kinder überspringen soll.
Jede Übung sollte gut vorbereitet und zu Hause „erprobt“ worden sein. So kann man am eigenen Leib erfahren, auf was sich die Kinder in der Übung einlassen sollen und Hilfen und Anstöße geben. Eine solche Vorbereitung gibt dann im Unterricht Sicherheit und hilft, wie M. Bauer feststellt, allmählich „aus der Rolle des Übungsleiters in die Rolle des Teilnehmers zu schlüpfen.“[29]
Die Stimme des Lehrers muss während der Stilleübung eine Ruhe und Freundlichkeit ausstrahlen, die sich auf die Kinder überträgt.

Der Übungsraum

Alle Übungen fanden in unserem Klassenzimmer statt. Dafür gab es einige Gründe, die auch in der Literatur genannt werden.
Die Vertrautheit des Raumes soll den Kindern helfen, sich auf das Neue zu konzentrieren. Die Lage unseres Raumes ist zudem günstig. Die Straße vor dem Fenster ist ruhig, es stehen Bäume und Sträucher zwischen Straße und Schule, man kann sich dort sicher fühlen, der Ausblick ist angenehm, und es dringt kein Lärm in die Klasse. Darüber hinaus erstrecken sich die wenigsten Stilleübungen auf eine ganze Stunde.
Es wird verschiedentlich auch auf die unterstützende Hilfe hingewiesen, den Raum während der Übung zu verdunkeln. Dies ist in unserem Klassenraum nicht mög-

lich. Leider ist der Raum auch zu klein, um sich bei bestimmten Übungen im Raum auf dem Boden zu verteilen. Dieses Handicap musste auch bei der Auswahl der Übungen mitbedacht werden. Man soll aber nicht vergessen, dass die Kinder der Klasse 1b völlig ungeübt waren und deshalb eine Übung am Boden ein Risiko dargestellt hätte. Denn, so M. Bauer: „Das Unübliche provoziert gerne Disziplinlosigkeit. ... Gerade in schwierigen Klassen empfiehlt sich daher ein Beginn am gewohnten Platz, zur Not am Tisch. Erst wenn die Übungen hier gelingen, versuchen wir mit unseren Kindern neue Formen, üben auch mal in einem anderen Raum oder probieren Übungsformen im Liegen aus.“[30] So saßen wir entweder an unseren Plätzen oder im Sitzkreis. Dann mussten wir mit ein paar Handgriffen einige Bänke verschieben, eine Vorübung, auf die später noch ausführlich eingegangen wird.
Bei den Stilleübungen im Sitzkreis habe ich in der Kreismitte ein Zentrum geschaffen. Dazu diente eine runde Decke mit einer Kerze oder eine Schale mit Wasser oder etwas Ähnliches. Manchmal waren auch die Fenster geöffnet.

Die Vorbereitung der Kinder

Die Teilnahme an Stilleübungen sollte grundsätzlich freiwillig sein. Die Bereitschaft zur Stille kann nicht erzwungen werden und würde ihre Wirkung dann auch völlig verfehlen. Für Kinder ist Stille oft negativ besetzt. Stille ruft Unsicherheit, zum Teil sogar Ängste hervor. Viele fühlen sich in der Zeit der Stille allein gelassen, denn sie sind noch nicht in der Lage, sich selbst zu spüren. Sie benötigen ein hohes Maß an sozialem Kontakt.
Jedes Kind darf sich vor Beginn einer Übung zurückziehen, wenn es an dieser nicht teilnehmen möchte. Es muss dann allerdings leise sein, und es darf sich entweder auf seinem Platz oder in der Leseecke still beschäftigen. Es darf die Übung nicht stören oder behindern. Bei manchen Übungen haben sich einzelne Kinder zurückgezogen,

aber selbst Mido oder Jens, unsere schlimmsten „Störer“, haben sich dann ruhig verhalten. Meist haben sie uns still beobachtet.
Fast alle Kinder haben an allen Stilleübungen teilgenommen. Anfangs habe ich hier einen Fehler begangen, indem ich den Kindern die Freiwilligkeit mit der Alternative angekündigt habe, still ein Bild malen zu dürfen. Ich war sehr überrascht, dass sich daraufhin zwölf Kinder für die Alternative Malen entschieden. Die Erfahrung – beider Seiten – hat allerdings dazu geführt, dass sich inzwischen fast alle an den Übungen beteiligen.
Auf einem Elternabend habe ich das Konzept der Stilleübungen als eine Möglichkeit vorgestellt, die Selbstdisziplin zu stärken, das soziale Klima und die Lernbedingungen in der Klasse zu verbessern.

Das Schließen der Augen

Der Gewinn aus verschiedenen Stilleübungen wird erhöht, wenn man dabei die Augen schließt. Eine alte Weisheit sagt: „Willst du genau hören, schließe die Augen.“ Der Grund liegt wohl in der damit verbundenen Ausrichtung der Sinne. Die Ohren übernehmen bestimmte Funktionen der ansonsten eingeschränkten Wahrnehmung.
Wie die Teilnahme insgesamt, so ist auch das Schließen der Augen eine empfohlene aber keine verordnete Aufforderung. Bei einigen Übungen, wie z. B. „Geräusche orten“, war das Schließen der Augen Voraussetzung für das Gelingen der Übung. Hier schlossen alle Kinder die Augen.
Das Schließen der Augen fiel zunächst vielen Kindern in meiner Klasse schwer. Dieser Zustand war ihnen offensichtlich fremd und unheimlich.

Der Aufbau von Stilleübungen

Jede Stilleübung lässt sich in verschiedene Phasen einteilen. Alle Autoren schlagen einen ähnlichen Aufbau vor; er variiert je nach Intention der Übung. Ich habe den nachfolgenden Aufbau grundsätzlich in allen Stilleübungen übernommen. Nur in der Anfangphase waren die Silleübungen verkürzt.

Das Schema:

1. Einladung / Aufbau innerer Bereitschaft
2. Bei mir ankommen, mich selbst wahrnehmen
3. Durchführung der Stilleübung, sich der Stille öffnen
4. Zurückholen an den Ort des Geschehens
5. Erfahrungen ausdrücken / sich mitteilen
6. Abschluss – nach außen gehen

Die wiederkehrende Struktur macht die Übung für die Kinder transparent. Die Abfolge derselben Schritte gibt der Übung außerdem einen rituellen Charakter. Sie wird überschaubar und gibt somit auch Sicherheit.
Nun zu den Teilschritten im Einzelnen:

Zu 1: Einladung – Aufbau innerer Bereitschaft

Der allererste Schritt einer Stilleübung besteht darin, dass ich einlade. Es ist eine nicht auf Attraktion bedachte Ankündigung von etwas Neuem; die Kinder sollen zur Mitarbeit gewonnen werden. Hier ist der Moment, in dem ich auf die Freiwilligkeit hinweise. Vertrauen und Freiwilligkeit sind nötig, damit die Übungen ihre Wirkung entfalten können. Dazu Maschwitz in „Stille-Übungen mit Kindern“: „Erfüllte Stille braucht Behutsamkeit, braucht die Einladung und den Dialog, damit Stille nicht Bedrohung, sondern Schutz ist. Nur so kann ich meinen eigenen Schutz loslassen, meine Masken, ... mein aggressives Verteidigen.“[31]

Zu 2: Bei mir ankommen – mich selbst entdecken

In diese Phase fallen die Aufforderungen in Bezug auf:

– Körperhaltung

– Atmung und Muskelentspannung
– Sicherheit und Wohlbefinden
– Schließen der Augen oder auf die Mitte sehen
– Ruhig werden, sich sammeln

Zu 3: Durchführung – mich der Stille Öffnen

Dies ist das Zentrum der Übung, der Ort für Phantasiereisen, für das Malen von Mandalas, für Sinnesübungen etc.

Zu 4: Zurückholen

Die Kinder werden durch eine bestimmte Sprechweise wieder vom Ort der Ruhe ins Klassenzimmer zurückgeführt.

Zu 5: Mich mitteilen – Erfahrungen ausdrücken

Eindrücke können schriftlich oder mündlich mitgeteilt werden, Bilder werden gemalt etc.

Zu 6: Abschluss – nach außen gehen

Auflösen des Sitzkreises, Abschlusslied, die Stimmung soll mitgenommen werden an den Platz, in die Arbeit.

In folgenden Kapitel stelle ich einzelne Stilleübungen ausführlich dar, damit deutlich wird, wie ich diese Schritte inhaltlich realisiert habe.

Zur Auswahl der Stilleübungen

Die Auswahl meiner Übungen fand unter folgenden didaktischen Zielsetzungen statt:

Die Übungen sollen

- die Kinder in ihrer Person stärken, da die personale Kompetenz Grundlage für soziales Miteinander ist.
- möglichst einfach und leicht wiederholbar sein. Die Kinder sind ja gerade im ersten Schuljahr und noch unerfahren im Umgang mit Stille.
- die eigenen Erfahrungen, das persönliche Erleben der Kinder in den Vordergrund stellen. Sehen, Fühlen, Schmecken, Riechen, Hören ist Lernen aus erster Hand.
- den musischen Aspekt von Schule und Unterricht betonen. Gerade in der Grundschule, besonders bei den Erstklässlern, den Kleinsten der Kleinen, sollen sie als ruhender Pol Ausgleich zu Hektik und Konsum sein.
- eine innere Veränderung ermöglichen, die dem Kind hilft, ein positives Verhältnis zur Klassengemeinschaft zu bekommen.

Im Gegensatz zum Interaktionsspiel kann die Stilleübung ihre gemeinschaftsfördernde Kraft nur bedingt aus dem Inhalt schöpfen. Jedes Kind erlebt zunächst sich selbst und ist mit seiner Innenwelt beschäftigt. Erst über den Umweg der gestärkten Persönlichkeit und der damit verbundenen Sicherheit und Gelassenheit kann es zu einer Verbesserung des sozialen Miteinanders kommen. Wenn ich mich sicher fühle, wenn ich mich akzeptiert fühle, wenn ich mich angenommen und verstanden fühle, muss ich mein Gegenüber nicht schlagen, um mich zu behaupten. Hielscher erkennt dies. In „Du und Ich – Ich und Wir" schreibt er: „... dass menschliches Handeln am ehesten bei denjenigen Kindern beobachtet werden konnte, die selbstbewusst, innerlich unabhängig (= autonom) und wenig aggressiv waren, dass also dem Erlernen dieser Persönlichkeitsfaktoren besonderer Wert zugemessen werden muss."[32] Menschliches Handeln ist hier als

Oberbegriff für soziales Handeln und Altruismus zu verstehen.
Darüber hinaus stärkt das Konzept der Stille die Klassengemeinschaft durch das gemeinsame Erleben.

- Die Stille ist nur erfahrbar, wenn sie von der Gruppe getragen wird. Stille kann nicht passiv konsumiert werden, sondern ist eine aktive Haltung. Daher kann das Stilleerlebnis auch als Gemeinschaftsarbeit betrachtet werden, zu der jedes Kind seinen Beitrag leistet.
- Die Stilleübungen enthalten persönlichkeitsbildende Elemente, die auch zu einer positiven Arbeitshaltung beitragen können. Ruhe und Zufriedenheit, z. B. beim Malen von Mandalas, können erfolgreiches Lernen und Arbeiten auch bei kognitiven Themen fördern.

Stilleübungen haben zwar keine disziplinierende Funktion, der Übende selbst aber lernt Disziplin. Er lernt sich und seinen Körper zu disziplinieren, zu entspannen, zu konzentrieren, still zu werden. Stilleübungen tragen zum Aufbau von Selbstdisziplin bei. Diese widerum ist eine Voraussetzung für den partnerschaftlichen Umgang mit anderen.

Der Aufbau des Übungszyklus

Ich habe zunächst damit angefangen, die Kinder mit vielen kleinen Übungen an Stille heranzuführen, ihnen erste Erfahrungen zu organisieren. Es werden einige Grundlagen für die weitere Arbeit gelegt.
Die ersten Stilleübungen dienen aber auch dem Aufbau und der Übung von Selbstdisziplin. Damit stärken sie längerfristig die Selbstkompetenz des Kindes. In den Lauschübungen werden den Kindern neue Wahrnehmungsmöglichkeiten eröffnet. Diese Intentionen werden in den ersten beiden Übungsreihen „Sammlung und Konzentration" (S. 52 ff.) und „Sich bewegen und still werden" (S. 60 ff.) verfolgt. Dennoch soll festgestellt werden, dass alle Übungen auch eine eigene Existenzberechtigung haben.
Alle Erfahrungsberichte weisen darauf hin, dass man komplexere Übungen erst dann erproben soll, wenn die grundlegenden gemeistert wurden. Wenn es den Kindern gelingt, ruhig zu werden, sich aus dem Strom der Gedanken zu befreien und innezuhalten, sollen Übungen folgen, in denen sie sich als Teil der Klasse wahrnehmen können. Dazu habe ich einfache Bewegungsübungen ausgesucht. Sie geben dem natürlichen Bewegungsdrang der Kinder Raum, organisieren ihn aber in einer Gruppenaktivität. Bewegung vollzieht sich nicht mehr als Störung „unter der Hand", sondern wird in eine angekündigte, gemeinsame Tätigkeit integriert und gemeinsam beendet. Bewegungsübungen erleichtern den Kindern nachfolgende Stilleübungen.

Im Abschnitt „Regeln und Rituale" (S. 74 ff.) sollen einige Orientierungspunkte dargestellt werden, die das soziale Miteinander verbessern. Regeln und Rituale unterstützen die Selbstdisziplin. Es geht hierbei in erster Linie um das stille Bilden eines Sitzkreises. Das Beherrschen dieser Übung soll die Kinder entlasten und die weiteren Übungen stützen.

Eine Stilleübung, die den Kindern anscheinend keine Leistung abverlangt, folgt mit der Einführung der Mandalas (S. 85 ff.). Hier werden einzelne personale Grundlagen des sozialen Verhaltens gefestigt. Beim Malen von Mandalas wird deutlich, wie auch die unruhigsten Kinder ganz bei der Sache sein können. Sie versenken sich in ihr Tun und sind bei sich selbst. Hier kommen die persönlichkeitsbildenden Momente der Stille zum Tragen. Darüber hinaus kann in diesen Übungen die Stille der Gruppe als gemeinsames Tun angenehm erfahren werden. (Stille *ist* nicht, Stille *macht* man.)

Es folgen eine Reihe von Phantasieübungen, die die Vorstellungskraft aktivieren. Vorstellungen sind an sinnliche Erfahrung gebunden. Darum nenne ich die nächste Sequenz „Schulung der Sinne“ (S. 90 ff.). Über sinnliche Erfahrungen nehmen sich die Kinder als unverwechselbare Personen wahr. Stilleübungen sollen hier sensibel machen für sich, für andere und für Dinge. Dies hat angesichts der veränderten Kindheit besondere Bedeutung. Sich selbst bewusst erleben und gegen andere abgrenzen zu können, ist die Voraussetzung für Toleranz im sozialen Umgang.

Mit den „Rätselphantasien“ (S. 103 ff.) will ich kurze und kompakte Übungen zur Empathie einführen. Sich in jemand anderen hineinversetzen können, soll hier auf kindgemäße Art geübt werden. Dabei bleibt die Identifikation auf Gegenstände und einzelne Körperteile beschränkt. Es geht zunächst um die Fähigkeit, sich in etwas anderes hineinzufühlen. Dazu bietet sich diese Imaginationsform an. Rätselphantasien erleichtern den Einstieg in komplexere Phantasiereisen.

Die Phantasiereise (S. 110 ff.) habe ich bewusst ans Ende gestellt. Sie verlangt bereits einige Übung im Umgang mit Stille und stellt Anforderungen an die Teilnehmer: Sie müssen die Stille als angenehm empfinden können; sie müssen bereit und in der Lage sein, nicht zu stören und eigene Bedürfnisse zurückzustellen; sie sollen die Augen geschlossen halten können, und sie müssen in den Anleiter Vertrauen haben.

Durchführung der Unterrichtsreihe

SAMMLUNG UND KONZENTRATION

Es ist zweckmäßig, bevor man ausgedehnte Stilleübungen macht, mit den Kindern eines ersten Schuljahres zunächst einmal das Stillsein zu üben, um überhaupt eine Basis für die weitere Arbeit zu haben. Diese ersten Übungen zur Sammlung und Konzentration sind noch nicht im Sinne des „Sich-Versenkens" zu verstehen, sondern dienen hauptsächlich dazu, grundlegende Fertigkeiten wie z. B. Selbstdisziplin einzuüben.

Die Schüler sollen in der Gruppe gemeinsam still werden. Alle Übungen sind kollektive Übungen, die nur gelingen, wenn alle mitmachen.

Das soll aber nicht auf Anordnung geschehen, sondern aus freien Stücken. Montessori gebraucht den Begriff Disziplin im Sinne von Selbstdisziplin, wenn sie sagt: „Es ist erforderlich, die Kinder Stille zu lehren. Dazu lasse ich verschiedene Übungen der Stille von ihnen durchführen, die in bemerkenswertem Maße zu der erstaunlichen Fähigkeit zur Disziplin unserer Kinder beitragen."[33]

Die Anforderung an sich selbst, zu schweigen und still zu werden, könnte von den Kindern auch noch unter sportlichen Gesichtspunkten gesehen werden, denn wir probieren ja tatsächlich aus, ob es uns gelingt, einige Sekunden ohne jedes Geräusch zu sein. Dabei sind diese Übungen nicht auf Konkurrenz angelegt, sondern gelingen nur im Zusammenspiel. Jeder Schüler kann nur durch Selbstdisziplin zum Gruppenerlebnis beitragen.

Ich beschreibe im Folgenden mehrere einfache Stilleübungen und die Art und Weise, wie ich sie durchgeführt habe. Einzelne Formen wurden dann auch in der angegebenen Weise variiert.

Übung 1 **Still sein**

Lernintentionen

Die Schüler sollen

- für einige Sekunden innehalten und schweigen,
- das Schweigen als gemeinsames Tun empfinden,
- Selbstdisziplin üben auf freiwilliger Basis,
- die Spannung, die von der Stille ausgeht, ertragen.

Als Animation für das Ruhig-Werden kann man in gelassener und ruhiger Haltung selbst schweigen, bis alle ruhig sind. Dies schlägt auch M. Montessori für die Einführung der „Leiseübung" vor.[34]
Schweigendes Warten, bis alle zur Ruhe gekommen sind, hat sich als äußerst effizient erwiesen, auch wenn nicht alle Kinder sofort still sind. Einige brauchen einfach länger, aber durch meine Zurückhaltung wird die Selbststeuerung der Kinder herausgefordert.
Darüber hinaus entsteht auch ein Druck von seiten der stillen Kinder, die durch Anstoßen und Ermahnen den Nachzüglern zu verstehen geben, dass sie warten. Die Gruppe tritt mit ihrem Anspruch an den Einzelnen heran.
Eine Unterstützung für die Kinder ist auch das mit der Übung vereinbarte Handzeichen (Finger auf den Mund legen). Diese Symbolik ist nicht neu, sie wurde schon zu Beginn des Schuljahres eingeführt, hatte sich aber stark abgenutzt.
Stille „pur" ist eine anspruchsvolle Übung und blieb anfangs auf wenige Sekunden beschränkt. Erst mit zunehmender Übungshäufigkeit gelang es uns, diesen Zeitraum auf mehr als eine Minute zu steigern. Unsere ausgedehnteste Stillephase lag bei knapp zwei Minuten. Nun darf diese Zeit nicht unter sportlichen Gesichtspunkten gewertet werden, denn dann wird man der nach innen gerichteten Intention der Übung nicht mehr gerecht.

Ich habe die Übungen durch folgende Elemente variiert:

- Wir lauschen auf das Verklingen eines Tones,
- wir hören einer rollenden Kugel nach, bis sie ausgerollt ist,
- wir sehen zu, wie die Wasserbewegung in einer Schüssel zur Ruhe kommt.

Übung 2 Lauschen

Lernintentionen

- Erfahren, dass Stille die Voraussetzung für das Gelingen der Übung ist.
- Schulung des Gehörsinns, Selektieren von Geräuschen.
- Erkennen der Beziehung zwischen Bewegung und Geräusch.

Nicht jedes Hören ist schon ein Lauschen. Wir hören den ganzen Tag etwas, wir nehmen unsere Umwelt natürlich auch mit den Ohren wahr, dennoch versickern die meisten Reize in uns. Das ist auch normal. Bei M. Bauer heißt es: „Lauschen … bedeutet gesammelte Wachheit und ungeteilte Präsenz. Es ist einfühlendes Hören, das auch das innere Ohr erreicht.“[35]
Einfache Hörübungen kann man mehrmals täglich durchführen. Sie haben die Aufgabe, die Kinder aus dem Strom akustischer Eindrücke herauszunehmen, die Wahrnehmung bewusst zu fokussieren. Bei geöffnetem Fenster den Geräuschen der Straße nachhören, in den Frühlingstagen dem Gezwitscher der Vögel entgegenhören oder dem Ticken der Zimmeruhr. Auch diese Übungen müssen gelernt werden.
Gerade das stille Lauschen gehört zu den einfachen Übungen, die so schwer fallen. In solchen Situationen werden die Kinder intensiv mit der Stille konfrontiert, und das kann zu Anfang durchaus auch ein Gefühl

von Leere entstehen lassen.
Diese Stilleübungen fördern auch den Zusammenhang von Geräusch und Bewegung zutage. In unseren Übungen stellten wir erstaunt fest, dass das Schweigen nur ein Merkmal der Stille ist. Das Wackeln mit den Beinen, das Schraffen der Füße auf dem Boden, das Hantieren mit Dingen oder ein Huster, dies alles ist gut vernehmbar und war für die Kinder zunächst überraschend.

Übung 3 Geräusche orten

Lernintentionen

- Erfahren, dass Stille die Voraussetzung für das Gelingen der Übung ist.
- Schulung des Gehörsinns, Selektieren von Geräuschen.
- Schüler üben das Schließen der Augen auf freiwilliger Basis.
- Ermöglichung eines Erfolgserlebnisses.

Diese Übung bietet sich an, um das Schließen der Augen zu erleichtern.
Ich verändere lautlos meine Position im Klassenzimmer und mache dann ein Geräusch. Die Kinder belauschen mich mit geschlossenen Augen und zeigen daraufhin in die Richtung, aus der sie das Geräusch gehört haben. Auf meine Erlaubnis hin öffnen sie die Augen und können nun leicht kontrollieren, ob sie genau gehorcht haben.

Reflexion

Diese Übung gefiel allen Kindern gut. Sie konnte mit allen gleichzeitig ausgeführt werden. Es gab praktisch keine Misserfolge. Die Abweichungen in der Richtung waren in der Regel gering. Dennoch oder vielleicht gerade deshalb machten die Kinder diese

Übung sehr gern. Die Übungsdauer lag bei ca. sieben bis zehn Minuten, rechnet man die Vor- und Nachbesprechung mit ein.
Das Schließen der Augen konnte in dieser Übung leicht ausprobiert werden. Hier war es, im Gegensatz zu Phantasiereisen, welchen man auch mit geöffneten Augen folgen kann, eine Voraussetzung. Kein Kind hat das als Schwierigkeit empfunden.
Diese Übung führte die Klasse zum ersten Mal als Gruppe zusammen. Das Gefühl, etwas geschafft und richtig gemacht zu haben, drückten die Schüler in offenem Jubel aus, und genau in dieser Siegesstimmung vereinigten sie sich zur Gruppe. So wie sie vorher gemeinsam Stille erfahren hatten, so erlebten sie jetzt das Jubeln als gemeinsames Erlebnis. Die aufgebaute Spannung (schaffe ich das oder schaffe ich's nicht) und der gemeinsame Erfolg schufen ganz offensichtlich ein Zusammengehörigkeitsgefühl.

Übung 4 **Der Flüstergruß**

Lernintentionen

- Erfahren, dass Stille die Voraussetzung für das Gelingen der Übung ist.
- Eigene Bedürfnisse aufschieben; warten bis man selbst an die Reihe kommt.

Diese Übung mache ich vorzugsweise am Ende des Begrüßungskreises. Ich kündige sie als Spiel an. Wenn alle still geworden sind, flüstere ich meinem Nachbarkind einen Gruß ins Ohr. Der Gruß geht von Kind zu Kind durch die ganze Runde, und am Ende wird der Satz mit dem Original verglichen.
Die Kinder verfolgen den Gruß still. Dabei müssen sie gut eine Minute still sein und auf das Ergebnis warten. Das ist eine Leistung, die fast alle schaffen. Es ist bei dieser Übung tatsächlich so leise, dass man selbst Geflüster noch gut hören kann. Irgendwann

bleibt der Satz mal bei Felix hängen. Alle Kinder, die den Satz schon kennen, wissen am Ende der Runde, wo die Veränderung aufgetreten ist.
Über den Flüstergruß kann man Affirmationen verbreiten. Man kann den Kindern z. B. im Sinne des positiven Denkens ein Tagesmotto übermitteln. Generell wähle ich nie Sätze, in denen „nicht“ oder „kein“ vorkommmt. Der Gedanke sollte immer auf etwas Positives gerichtet werden:

„Heute klappt alles gut.“

„Ich habe heute gute Ideen.“

„Ich bin ein fröhliches Kind.“

„Herzlich willkommen in der Schule.“

Bei diesem Spiel lernen die Kinder, schweigend zu warten, bis sie an die Reihe kommen. Es ist eine Übung, in der nicht alle gleichzeitig etwas zu tun haben und die von daher schon einige Konzentration verlangt.

Übung 5 Taktiles Telefon

Dies ist eine interessante Variante. Dabei wird ein Buchstabe oder eine Zahl dem Nachbarn auf die Handinnenfläche oder den Rücken geschrieben und so weitergegeben. Der letzte Schüler nennt den Buchstaben oder die Zahl.

Reflexion

Diese Übungsformen haben wir seit mehreren Wochen häufig angewandt, sie sind kurz und bedürfen keiner intensiven Vorbereitung.
Inzwischen haben die Kinder gelernt, vor jeder meiner Unterrichtsstunden eine kleine Stille- bzw. Sammelübung einzulegen. Sie trennt deutlich die vorausgehende Stunde von der nachfolgenden. Solche Üungen wurden aber ebenso zwischen einzelnen Unterrichtsphasen eingesetzt. Sie sind zu einem festen

Unterrichtsritual geworden, auch wenn einige Kinder noch lange herumzappeln, bevor sie wirklich ganz still werden.

Vor allem meine Erfahrungen mit weniger geglückten Unterrichtsstunden brachten mich zu der Einschätzung, dass die Weichen für den Verlauf einer Unterrichtsstunde bereits sehr früh, manchmal bereits in der Eröffnungsphase gestellt werden. So entschied ich mich, jede Stunde mit einer Übung zur Sammlung und Konzentration zu beginnen.

Die Stille wurde bzw. wird von vielen als positives Element erlebt. Mido, aber auch Sebastian, forderten seither mehrfach Stille von der Klasse ein. Sie tun das zwar in unangemessener Weise, übersehen quasi ihre eigenen Störungen, doch zeigt es, dass auch sie die Stille als wohltuend empfinden können.

Insgesamt wurde von Anfang an deutlich, dass die Kinder noch nicht gut über ihre Stilleerlebnisse sprechen konnten. Die allermeisten Äußerungen waren kurz und einsilbig. Das war auch nicht anders zu erwarten, denn auch die kommunikative Kompetenz ist im ersten Schuljahr erst am Anfang der Entwicklung.

„Es war gut“, „...schön“, „ich hätte noch länger gekonnt“, „das ist langweilig“, „hat Spaß gemacht“, waren typische Antworten auf meine Abschlussfrage: „Wie habt ihr euch bei der Übung gefühlt?“

Solche Fragen sind aber auch schwer zu beantworten, zielen sie doch auf Aussagen zur inneren Befindlichkeit.

Anders verhielt es sich bei den Fragen zur Sache, etwa im Anschluss an eine Lauschübung. „Was konntet ihr alles hören?“ „Was waren Geräusche, die nicht aus diesem Raum kamen?“ „Wie viele Vögel konntet ihr unterscheiden?“ Hier fielen die Antworten leichter, und ich konnte manchmal sogar eine Meldekette anlegen. Diese richte ich ein, wenn viele Meldungen vorliegen und es sich bei diesen vorzugsweise um Aufzählungen handelt. Die Kinder nehmen sich dann regelgeleitet selber dran.

Diese Kleinformen der Stilleübungen sind darauf angelegt, die Kinder in das Hier-und-Jetzt zu führen. Sie konzentrieren die Gedanken und intensivieren das aktuelle Empfinden. Sie erzeugen bei den Kindern eine wirkungsvollere Arbeitshaltung. Der nachfolgende Unterricht profitierte davon.

SICH BEWEGEN UND STILL WERDEN

Wenn von Unterrichtsstörungen gesprochen wird, dann ist meist auch von Unruhe und Rumgehampel die Rede. Die Unterdrückung des natürlichen Bewegungsdrangs der Schüler gründet in der Nichtbeachtung der biologischen Tatsache, dass der Organismus eine Einheit von Körper, Geist und Seele ist. Wenn wir von sechsjährigen Kindern verlangen, sie sollen einen Vormittag still sitzen, so überfordern wir sie psychisch und physisch.

Einerseits kommen im Konzept „Didaktik der Stille“ Bewegungsübungen vor, andererseits gibt es im Konzept „Bewegte Schule“[36] auch Stilleübungen wie etwa Phantasiereisen. Das wird verständlich, wenn man bedenkt, dass Entspannung und Anspannung zwei Seiten derselben Medaille sind. Auf die Anspannung folgt die Entspannung, auf die Bewegung die Ruhe. Bewegungsübungen sind also unabhängig vom Konzept der Stilleübungen in allen Grundschulklassen wichtig.

Das Aufstauen des natürlichen Bewegungsdranges durch den Zwang zum Sitzen wirkt sich unmittelbar auf das Verhalten der Schüler aus. Die Folgen des Bewegungsmangels kennen alle Grundschulpädagogen:

- Motorische Unruhe
- Unkonzentriertheit
- Lernunlust
- Haltungsschäden.

Wenn ich also Stilleübungen mache, die in der Regel im Sitzkreis oder am Tisch stattfinden, dann muss ich sicher sein, dass die Kinder sich in den kommenden Minuten motorisch kontrollieren können. Sinnvollerweise macht man vorher eine Bewegungsübung. Dann ist es wichtig darauf zu achten, dass diese Übung am Schluss wieder in die Ruhe führt.

Unterbrechungen des Unterrichts zum Zwecke der Bewegung haben also zwei Funktionen in meiner ersten Klasse:

- Sie sollen dem natürlichen Bewegungsbedürfnis der Schüler nachgeben und Ermüdungserscheinungen abbauen.
- Sie dienen der Vorbereitung auf eine Stilleübung.

Richtzeiten aus „Bewegte Schule“ für konzentriertes Mitarbeiten in den ersten Schuljahren: [37]

- 15 Minuten bei 5- bis 7jährigen
- 20 Minuten bei 7- bis 10jährigen
- 25 Minuten bei 10- bis 12jährigen
- 30 Minuten bei 12- bis 16jährigen

Ich beabsichtige als Bewegungsübung eine Übung zum Mitklatschen durchzuführen. Dabei sollte mit einfachen Übungen begonnen werden. Ich baue sie nach dem Schema Vormachen – Nachahmen auf.

Übung 1 **Rhythmisches Klatschen**

Lernintentionen

Das Klatschen soll

- den Kindern eine Möglichkeit zur Bewegung bieten,
- die Kinder zu neuer Aufmerksamkeit führen,
- die Kinder herausfordern, ihr Tun mit dem der anderen abzustimmen,
- eine Tätigkeit organisieren, die nur in der Gruppe möglich ist.

Darstellung einer Unterrichtssequenz

Ein empfohlenes Verfahren zur Rückgewinnung der Aufmerksamkeit ist das Einschieben einer Bewegungsübung. Die von mir ausgesuchte Übung beruht auf der Bedeutung rhythmischer Strukturen, von denen es heißt, sie hätten einen „Mitnahmeeffekt". Ein „vorgeklatschter Rhythmus, ein rhythmisch gesprochener Sprechvers, rhythmisch durchgeführte Bewegungen ziehen das Kind in den Rhythmus hinein und regen es zum Nach- und Mitmachen an", schreiben Stegmeier und von Wolf-Wedel in ihrem Artikel „Eine unruhige Klasse sammeln" [38].

Wählt man eine rhythmische Bewegungsübung, so kann man mit großmotorischen Armbewegungen beginnen, die man langsam in feinmotorische Fingerbewegungen überführt, oder man variiert – wie in meinem Beispiel – den Rhythmus so, dass die Bewegung zum Stillstand kommt.

Ich hatte bereits mehrere ähnliche Bewegungsübungen durchgeführt, am Ende aber immer meine Zweifel gehabt, ob die Kinder nach den Übungen wirklich ruhiger geworden waren. (Skifahren, Pferderennen, Schwimmen etc.)

Ich entschied mich, bei der nächsten Gelegenheit eine Klatschübung durchzuführen und wartete auf einen Anlass:

Gedächtnisprotokoll

Mittwoch, 2. Stunde, ca. 9.05 Uhr, Fach: Sprache. Vorausgegangen ist eine Stunde Mathematik. Die Kinder arbeiteten hier nach einer gemeinsamen Erarbeitungsphase allein einige Aufgaben des Buches durch. Die Mitarbeit war normal. Zum Stundenwechsel wird alles, was auf den Bänken liegt, weggeräumt. Dabei bleibt immer auch eine kurze Gelegenheit zum Gespräch mit Nachbarn. Nach einer Phase der Ruhe und des Sammelns geht es mit „Sprache“ weiter. Der Unterricht ist klar eingeteilt in einen 40- bis 50-Minuten-Rhythmus.

Thema der Unterrichtsreihe: Sprachbetrachtung.

Thema der Stunde: „Tuwörter“.

Ziele der Stunde: Die Schüler sollen die Wortart „Verb“ kennenlernen und die Regel, dass Verben klein geschrieben werden.

Methode: Tuwörter sammeln, spielen und aufschreiben.

Beim Sammeln und Vorspielen der Tätigkeiten machen die Kinder normal mit. Einige melden sich immer, andere trauen sich nicht, offen vor der Klasse ihre Verben aufzuführen.
In der Übergangsphase zum Aufschreiben wird es dann unruhig.
1. Schüler: „Wann ist eigentlich Pause?“
Ich reagiere nicht.
2. Schüler: „Ich muss mal.“
Ich: „Dann geh zur Toilette, wir haben noch zwanzig Minuten Unterricht.“
1. Schüler: „Kann ich auch gehen?“
Ich: „Nein, es kann immer nur einer gehen, warte noch einen Moment...“
Gerede in der Ecke (Henry, Marcus).
Sebastian liegt auf der Bank.
Mido steht und flucht laut: „Oh, Mann...“
Ich: „Macht eure...“

Es hat keinen Zweck, jetzt eine Arbeitsanweisung zu geben. Ich breche den Satz ab, will aber auch nicht auf Ruhe warten.

Ich klatsche in die Hände: xx xx xx (3x2).
„Wer kann das nachmachen?"
Lautes Gerede, Unruhe, die ersten klatschen mit, aber nicht im Gleichtakt. Kein Ende abzusehen. Unruhe.
Ich: „Noch mal, alle gucken auf meine Hände." xx xx xx (gleicher Rhythmus).
„Hierher geschaut!"
Ich variiere: wie auf dem Fussballplatz: xx xxx xxxx xx (1, 2 / 1, 2, 3 / 1, 2, 3, 4 / 1, 2).
Es ist unbekannt und viel zu schwer.
Ich: Handzeichen, Abwinken zur Unterbrechung: „Mal sehen, ob wir das Klatschen mit allen hinkriegen."
Ich wedle mit den Armen, Ruhe bedeutend, und warte bis es still ist.
Ich: „Das macht erst Spaß, wenn wir im gleichen Takt klatschen; alle gleichzeitig. Seht auf meine Hände und hört dabei, wie es lauter und leiser wird": x x x x x x x (gleichmäßiger Rhythmus). Die Kinder steigen ein, der Rhythmus setzt sich durch und ist als Gemeinschaftswerk zu erkennen. Alle klatschen synchron mit. Einmal in Fluss gekommen, variiere ich das Spiel: lauter und leiser, schnell und langsamer, ... dann wird es langsamer und langsamer.
Ich: „Wie wenn die Batterie leer wird… langsamer und langsamer, und noch langsamer… und dann bleiben die Hände einfach stehen… Ausatmen…
Ich: „Wie habt ihr euch gefühlt? Hat das Spaß gemacht?"
Beispielantworten: „Ja." „Gut." „Schön." „Es war ganz schön laut." „...warme Hände hab ich." Alle fühlen noch mal, ich auch ...
Ich: „Prima, für den letzten Teil der Stunde wechseln wir noch mal die Batterien und machen unsere Arbeit zu Ende."

Es gibt aber auch Individualisten, die machen nicht mit, die sehen zu, gucken, ob einer „falsch" klatscht... (Christoph P., Lars, Tobias).

Reflexion

Durch diese Bewegungsübung wurde ein Ventil geöffnet, und dem Bewegungsdrang der Kinder wurde nachgegeben. Sie konnten sich zumindest kurzfristig regenerieren und bis zum Ende der Stunde weitermachen.
Dachte ich anfangs noch, entweder einzelne Kinder oder die ganze Klasse verbal ermahnen zu müssen, so kam durch diese Übungen ein anderes Konzept zum Zuge: „Es geht sozusagen ein Sog aus von diesem sich immer wiederholenden strukturierten Ablauf und von der Gruppe aus." (Stegmeier u. v. Wolf-Wedel[39])
Bisher hatten sich vor allem Sebastian, Marcus, Henry, Lars und Jens bei mir über die Schiene der Ermahnung riesige Portionen von Aufmerksamkeit geholt. Sie wurden bewusst wahrgenommen und mit Namen erwähnt.
Das Prinzip der negativen Aufmerksamkeit konnte hier durchbrochen werden, denn auch sie waren am Ende in der Lage, ihre Aufgabe ohne zusätzliche Aufforderung zu erledigen. Die Arbeitsruhe wurde über eine integrierende Übung wiederhergestellt.
Ein weiterer positiver Effekt entsteht für die Gruppe, wenn durch das gemeinsame, gleichzeitige Tun ein Zusammengehörigkeitsgefühl entsteht. Dieses Gefühl ist nicht abfragbar und stellt sich wahrscheinlich auch erst im Laufe mehrerer Übungen ein.
Mir wurde durch diese Übung die Bedeutung des gemeinsamen, gesteuerten Endes bewusst. Die Kinder brachten die Übung ganz normal zu Ende. Alle Kinder hörten in der vorgesehenen Weise auf, wenn auch nicht unbedingt synchron. Dadurch unterschied sich die Übung von anderen Übungen ähnlicher Art, wie ich sie früher schon des öfteren durchgeführt hatte.
Es empfiehlt sich also, das Aufhören zum Bestandteil der Übung zu machen, eine feste Schlussform zu fin-

den, in die die Bewegungen oder die Sprechverse einmünden und enden. In meiner Klasse ist dies ein absolutes Muss.
Was hatte diese Übung mit Stille zu tun? Grundsätzlich ist Stille nicht mit Geräuschlosigkeit gleichzusetzen. Das gemeinsame Singen – nicht Grölen – eines Liedes ist durchaus eine Stilleübung. Und in der hier beschriebenen Übung wurde gemeinsam geklatscht.
In der Stille ist die Konzentration auf einen Vorgang oder eine Sache gerichtet, das war hier – jedenfalls im zweiten Anlauf mit dem rhythmischen Klatschen – der Fall. Der Rhythmus hat die Tätigkeit kultiviert.

Variationen: Wenn die Klasse etwas geübter ist, kann man die Übung auch mit geschlossenen Augen machen. Dann müssen sich alle auf ihr Gehör verlassen. Und wenn die Übung gefestigt und einige Sicherheit erreicht ist, kann der Rhythmus auch von den Kindern vorgeben werden. Selbstkritisch muss ich anmerken, dass ich den Rhythmus beim ersten Mal zu schnell gewechselt hatte.

In dieser Übung hatten die Kinder,

- eine Tätigkeit gefunden, die sie alle zusammenführte und Spaß machte,
- die Möglichkeit erhalten, sich als Teil der Klasse wahrzunehmen,
- Gelegenheit, die Gemeinschaft als Chance zu sehen, ohne die die Übung nicht möglich gewesen wäre.

Übung 2 **Wachsen**

Eingebettet in die Metapher der wachsenden Pflanze können die Kinder die Dynamik und Kraft eines Wachstumsprozesses – also auch ihren eigenen – nacherleben.
Die Schüler stellen sich vor, sie seien ein Samenkorn, aus dem eine Pflanze wächst, die immer größer wird, reift und wieder verwelkt.
Die choreographische Umsetzung bespreche ich mit den Kindern und stimme sie mit ihren Vorstellungen ab. Wir sind dabei übereingekommen, dass wir uns am Schluss nicht auf den Boden fallen lassen (Gefahr wegen Platzmangel), sondern langsam in uns zusammensinken.
Das Welken der Pflanze schafft einen natürlichen Schlusspunkt, der die Übung für alle gleichzeitig beendet.
Besonders angemessen ist dieses Phantasieexperiment in der Klasse 1b, weil wir einige Tage vorher Kresse gesät haben und diese dabei ist zu sprießen.
Andere von uns durchgeführte Bewegungsübungen sind: „Ski fahren," „Riese und Zwerg," „Grimassen schneiden," „Bärenspiel," „Zugspiel" etc., die im Folgenden dargestellt werden.

Fazit: Die Kinder machen gern Bewegungsspiele. Für sie ist es eine spürbare Abwechslung im normalen Unterrichtsgeschehen. Allerdings waren bei den ersten Bewegungsübungen einzelne Kinder (Sebastian, Mido, Marcus, Jan B., Christoph P.) sehr ausgelassen und konnten sich nicht in den gemeinsamen Schluss einbringen. Negatives Beispiel war das Spiel „Pferderennen". Ohne mir über die Folgen im Klaren zu sein, habe ich die Station „Zielfoto" ausgelassen und war völlig überrascht, dass die Kinder nicht zur Ruhe kommen wollten. An dieser Stelle wurde mir deren Bedeutung schnell bewusst. Für die Kinder war das Spiel hinter der Ziellinie einfach nicht zu Ende; sie tollten herum, ließen sich zu Boden fallen und machten die wildesten Sachen. Ich hatte versäumt, das Spiel in der Ruhe („Zielphoto“) enden zu lassen.

In die Kategorie dieser Spiele gehören auch die Singspiele und Tänze. Solche Übungen habe ich aus Zeitmangel nicht durchgeführt, weil sie meist über eine Schulstunde hinausgehen. Wenn man solche umfangreichen Übungen einführen will, darf man sich nicht vom permanenten Zwang, im „Stoff“ weiterkommen zu müssen, ablenken lassen.

Übung 3 Das Zugspiel

Die Kinder sitzen zunächst auf ihren Plätzen. Ich suche ein erstes Kind aus; es darf die Lokomotive sein. Seine Aufgabe ist es, den Zug durch die Klasse zu führen, den Weg zu bestimmen. Nach und nach werden alle anderen Kinder beim Namen gerufen und hängen sich nun an die vorderen „Wagen“ an. „Laura, du bist die Lokomotive. Du fährst voraus; alle anderen, die ich jetzt aufrufe, hängen sich an. Es wird ein langer Zug mit vielen Wagen werden. Laura macht mit Alexander und Jan eine Probefahrt. Die Lok fährt ganz langsam an und dreht eine Runde um die Klasse. Jeder von euch denkt sich einen Wagen aus, den er in diesem Zug darstellen will. Da sind der Postwagen, der all die Briefe transportiert, ein Paketwagen und ein Schlafwagen. Der Sebastian ist vielleicht der Speisewagen. Der muss ganz besonders aufpassen, dass keine Gläser umfallen.“
Und so hängen sich Kind für Kind an. Ich lasse den Zug verschiedene Stationen durchfahren:

- Durch einen Tunnel,
- einen steilen Berg hinauf,
- an einem Bahnhof anhalten,
- den Berg wieder hinunter,
- an einer Baustelle vorbei,
- eine Linkskurve und eine Rechtskurve,
- (rückwärts).

Den Rückwärtsgang wollte ich mir für die Turnstunde aufbewahren; ich wollte kein Risiko eingehen. Im Spielverlauf wird Wagen für Wagen auch wieder abgekoppelt, die Wagen fahren auf ihren Bahnhofsplatz und ruhen sich aus.

Fazit: Im Unterschied zur Polonaise war die Stimmung nicht so ausgelassen. Es sollten keine Tische verschoben oder Stühle umgelaufen werden. Der Akzent lag auf dem gemeinsamen Zug.

Übung 4 Grimassen schneiden

Beim Grimassenschneiden dürfen alle Kinder schreckliche Gesichter machen.
„Bei unserem nächsten Spiel wollen wir Gesichter machen, die mal ganz fürchterlich, mal ganz freundlich, mal traurig sind. Stellt euch hinter eure Stühle und achtet darauf, dass ihr genug Platz habt.
Wir fangen an mit einem Gesicht, das ganz furchtbar sein soll. Jeder Fremde, der uns so sieht, würde schnell davonlaufen. Zeigt eure gefährlichen Zähne, die alles auffressen könnten. Die Augen sind weit aufgerissen und funkeln frech…
Jetzt stehen wir in einem starken Wind, der unser ganzes Gesicht, Backen, Mund, Nase und Zunge nach links drückt. Der Wind hat sich gedreht, das ganze Gesicht verzieht sich nach rechts. Endlich lässt der Wind wieder nach. Wir haben Zeit, unser Gesicht wieder zu entspannen, ... da sieht jeder seinen allerliebsten Schatz und macht ein freundliches Gesicht. Das macht Spaß, unser Schatz lacht uns an, und wir sind richtig froh.
Unser Schatz hat uns etwas mitgebracht, einen großen Korb voller Leckereien. Mmmhhh, da läuft einem das Wasser im Mund zusammen, sieht das gut aus! Jeder nimmt sich etwas heraus und verschlingt es mit einem Bissen. Jetzt ist Kauen angesagt, feste kauen und schlucken…
Und in dem Korb drinnen ist auch eine Zitrone, eine

gelbe, saftige Zitrone. Und jetzt stell dir vor, du beißt da richtig kräftig rein. Da zieht sich aber alles zusammen, da ist der Mund aber spitz, und die Lippen sind ganz sauer…
Gott sei Dank finden wir noch einen Strohhalm und Eistee. Mit dem trinken wir ein ganzes Glas auf einen Schlag leer, nur um den sauren Geschmack loszuwerden…
Jetzt müssen wir uns erst mal wieder erholen…
Wir atmen alle tief aus, um dann wieder frische Luft in unsere Lungen zu lassen…
Setzt euch hin und lasst Arme und Kopf ruhig mal hängen, bis sie sich wieder erholt haben…"

Fazit: Dieses Spiel ist eine willkommene Übung für alle Kinder gewesen. Die Stilleren konnten durch ihre Grimassen, vor allem durch die furchterregenden, mal aus sich herausgehen und das tun, was sich sonst „nicht gehört". Die vorlauten Jungen genossen es, mal in die Rolle des Drachen zu schlüpfen, ohne gleich wieder ermahnt zu werden.
Die Übung wurde von Jungen wie Mädchen gleichermaßen gerne gemacht. Die Kinder kosteten es aus, sich den anderen so zu zeigen.
Es ist notwendig, sich zwischen den einzelnen Grimassen genügend Zeit zu nehmen.

Übung 5 Riese und Zwerg

Alle Kinder machen sich groß wie Riesen und klein wie Zwerge. Ich lege mir eine Geschichte zurecht, in der abwechselnd von einem Riesen und einem Zwerg die Rede ist. Bei jedem Wechsel machen wir uns ganz groß oder ganz klein. Die Kinder stehen und laufen auf Zehenspitzen herum oder gehen in die Hocke. Mit etwas Phantasie kann man solche Geschichten sogar aus dem Stegreif machen, denn der Schwerpunkt liegt ja in erster Linie auf dem Wechsel der Bewegungen. Die Geschichten selbst sollten eine Anstrengung beinhalten, von der man sich am Ende der Übung ausruhen kann.

Übung 6 Ich bin ein (Zebra).

„Wir wollen Tiere an einem Wasserloch beobachten. Es ist wichtig, dass wir ganz ruhig sind. Die Zebras haben große Ohren und können hervorragend hören. Da liegt ein Baumstamm, über den wir gleich vorsichtig balancieren müssen. Wer kann uns das mal vormachen?
Vor dem Wasserloch ist es ganz sumpfig. Wer macht das mal vor, wer zeigt uns wie das aussieht, wenn ein Zebra durch kniehohen Schlamm waten muss?“
Viele Bewegungsspiele, die speziell in diesen Rahmen passen, sind in weiterführender Literatur zu finden.[40]

Übung 7 Ich habe einen Freund

Diese Übung ist ein Mitmachspiel, bei dem eine Geschichte erzählt wird, deren einzelne Erzählelemente durch Bewegungen illustriert werden. Zum Gelingen des Spiels trägt die Stille wesentlich bei.
Ich trage eine Geschichte vor und mache dazu passende Bewegungen, die ab dem zweiten Durchgang von den Kindern nachgeahmt werden. Natürlich können sie auch variiert und durch geeignete Alternativen von den Kindern ersetzt werden.

Ich (beide Hände zeigen auf die Brust)
habe einen Freund (beide Hände zum Abklatschen hochhalten),
der ist groß wie ein Baum (beide Arme nach oben strecken),
mit Schultern so breit wie ein Kleiderschrank (beide Arme seitlich ausstrecken).
Der baut begeistert Flugzeugmodelle (Arme seitlich ausstrecken und Flugbewegungen machen).
Kleine (Hände in kurzem Abstand zueinander halten),
mittlere (Hände etwas auseinanderziehen),
und ganz große (Hände weit auseinander).
Sonntags nimmt er seine Kinder bei der Hand (einen Arm zum Halten der Hand abspreizen),
seine Modelle unter den Arm (einen Arm anwinkeln)
und geht hinaus vor die Stadt.
Dort lässt er seine Flugzeuge steigen.
Die kleinen heben leicht vom Boden ab,
machen ein paar Hupfer (eine Hand geht hüpfend auf und ab)
und landen dann wieder auf dem Boden.
Die mittleren steigen schräg hoch (der Arm wird schräg nach oben ausgefahren),
wenden ein paarmal und gleiten zurück zum Boden (Hand nach unten gleiten lassen).
Die großen, schnellen steigen steil nach oben (Arm wird steil nach oben ausgefahren),
kreisen in der Luft (mit einem Arm kreisende Bewegungen über dem Kopf machen),

stürzen im Sturzflug zur Erde zurück (Hand schnell nach unten fahren lassen)
und zerbrechen am Boden (Hände so bewegen, als würde man etwas durchbrechen).

Nach einigen Durchgängen kann eine solche Geschichte auch stumm – ohne Vortrag – durchgespielt werden. Das fördert das Vorstellungsvermögen. In dieser Art kann man leicht weitere Geschichten erfinden und einstudieren. Besonders gut gelungene eignen sich auch zu kurzen Vorführungen bei Besuchen in anderen Klassen oder kleineren Feierlichkeiten.

REGELN UND RITUALE

Schulische Rituale sind an die Gemeinschaft gebundene Symbolhandlungen, die signalhaft das Verhalten aller Beteiligten steuern. In der Symbolhandlung sind Sprache und Erfahrungen verdichtet, ihr Gehalt geht über das nur Wahrnehmbare hinaus.

Rituale geben den Kindern Sicherheit, feste Strukturen und damit auch Geborgenheit. Sie legen die Beteiligten auf eine Folge von Handlungen fest, damit Spielraum entsteht. Sie sind der äußere Rahmen, der innere Freiheit gibt.

Auch Stilleübungen können Rituale sein. Sie lehren ohne Sprache das Wesentliche. „Sie machen unabhängiger vom Wort und bringen uns dem Schweigen näher", wie G. Faust-Siehl es ausdrückt.[41]

Rituale sind verbindliche Regelmäßigkeiten in unserem Zusammenleben, die uns – Maschwitz zufolge – helfen, „der Beliebigkeit zu widerstehen, die uns vormacht, dass alles jederzeit zur Verfügung steht."[42]

Ritualisierungen des Schulalltags sind vor dem Hintergrund der veränderten Sozialisations- und Kindheitserfahrungen in meinen Augen wichtiger denn je. Auch und gerade in einer unruhigen Klasse geben sie Halt und Orientierung.

Übung 1 **Der Sitzkreis als Ritual**

Die Kinder der 1b waren auch nach den Weihnachtsferien noch nicht in der Lage, einen Sitzkreis zu bilden. Die seltenen Versuche, die hin und wieder unternommen wurden, zeitigten immer das gleiche Ergebnis: allgemeine Unruhe, wildes und chaotisches Gerenne, klappernde Stühle, Gerangel im knappen Platz vor der Tafel. Kinder lassen sich irgendwo nieder, sie realisieren vielleicht, dass sie ungünstig sitzen, verändern die Position aber nicht mehr. Einer fängt immer an zu weinen, es wird sehr laut, nach zehn bis zwölf Minuten Regieanweisungen gelingt es endlich: Alle sitzen mehr oder weniger gleichberechtigt im „Zickzack". Und jetzt muss es erst einmal ruhig werden. Das war die Situation noch vor wenigen Wochen. Im Hinblick auf diesen Unterrichtsversuch wollte ich das ändern. Ich brauchte für die gemeinsamen Stilleübungen den Stuhlkreis, denn im Kreis sitzen alle gleichberechtigt nebeneinander, jeder ist für sich, und keiner ist ausgeschlossen. Die Form des Kreises verweist auf die Mitte, ein Begriff, der für viele Stilleübungen von zentraler Bedeutung ist.

Lernziele

Die Schüler sollen

- möglichst geräuschlos einen Sitzkreis bilden können,
- dazu den eigenen Stuhl tragen lernen, ohne überall anzustoßen,
- sich ihren Platz im Kreis als festen Platz merken und wiederfinden können,
- behalten, wer ihr linker und rechter Nachbar ist,
- lernen, sich an Regeln zu halten.

Darüber hinaus sollen sie:

- Selbstdisziplin üben, spontane Bedürfnisse aufschieben,
- ein Gespür für den Zusammenhang zwischen Bewegung und Geräusch bekommen.

Der Aufbau eines Sitzkreises ist ein komplexer Vorgang, vor allem aus der Perspektive der Kinder. Nach all den negativen Erfahrungen plane ich, den Aufbau des Sitzkreises in Anlehnung an die Übungen zum „Gehen auf der Linie“ von Maria Montessori durchzuführen. Ich drehe also die Reihenfolge um: Erst muss es ruhig werden, dann kommen wir in den Kreis, nicht umgekehrt.

Phasen der Übung:	***Planung der Sequenz*: *Aufbau eines Sitzkreises***
1. Aufbau innerer Bereitschaft	Diskussion in der Klasse, wie man den Sitzkreis leichter aufbauen kann.
2. Bei mir ankommen / mich selbst wahrnehmen	a) Üben, mit dem Stuhl zu gehen ohne Geräusche zu machen. b) Alle sind leise und passen auf, ob man etwas hört. Zwei Tische wegheben.
3. Durchführung / sich der Stille öffnen	Ich rufe einzeln auf, nach vorne zu kommen, sich in den Kreis einzufügen, zu schweigen und zu warten.
4. Zurückholen an den Ort des Geschehens	Der Kreis ist fertig, wir haben uns einen tiefen Seufzer verdient, durchatmen und entspannen…
5. Erfahrungen ausdrücken / sich mitteilen	Kinder sollen im Gespräch ihre Erfahrungen mitteilen; ich achte auf Gesprächsdisziplin.
6. Abschluss - nach außen gehen	Wie in der ersten Phase: die Kinder gehen einzeln zurück; ich flüstere die Namen, alle kommen an. Wenn es klappt, ein Grund zum Feiern!

Übungsverlauf

Zuerst kündige ich einen Sitzkreis an. Dazu gebe ich eine kurze Beschreibung des Ist-Zustandes und frage, „Was habt ihr für eine Idee, wie wir das besser machen können?“ Es kristallisieren sich zwei Vorschläge heraus.

Heiko: Einer nach dem anderen.

Markus : Immer zwei zusammen.

Ich griff Heikos Vorschlag auf.

Ich schiebe mit Hilfe von vier Kindern deren Tische weiter nach hinten, um Platz für den Kreis zu schaffen.

„Niemand darf schon losgehen, meine Anweisungen sind noch nicht vollständig ... Ich möchte sehen, ob es einer von euch schafft, mit seinem Stuhl nach hier vorne zu kommen, ohne dass die anderen auch nur ein Geräusch hören können.“

Bei dieser Übung entsteht keine Stille, in die sich die Kinder versenken, aber es ist freiwillige Selbstdisziplin, die sich jedes Kind auferlegt. Das Stillwerden der Gruppe ist die notwendige Voraussetzung, um eventuelle Geräusche wahrnehmen zu können.

Nachdem es ganz leise ist, darf Kai vor allen anderen versuchen, mit seinem Stuhl nach vorne zu kommen. Alle passen auf. Es ist so still, dass man eine Stecknadel fallen hören könnte. Da es nur ein Übungsgang ist, muss Kai wieder zurück und sich auf seinen Platz setzen.

Dies ist eine Übungsform, bei der sich alle Kinder herausgefordert fühlen, sie zu beherrschen. Kai hat sich große Mühe für das Gelingen gegeben. Die gleiche Übung machen wir noch zweimal (Jan F., Katharina), dann probieren gleichzeitig zwei Kinder aus verschiedenen Reihen, geräuschlos nach vorne zu kommen. Alle bewegen sich langsam und bedächtig. Leichte Unruhe entsteht, weil alle ausprobieren wollen, wie geschickt sie sind.

Jetzt, wo es einmal leise ist, kann ich mich flüsternd mit der Klasse verständigen. Ich vereinbare, jedes Kind beim Namen zu nennen, damit es dann nach

vorne kommt. Vorne weise ich den Kindern einen Platz zu, so dass ein systematischer Kreisaufbau möglich ist. Jedes Kind soll sich seinen Platz im Kreis und seine beiden Nachbarn merken. Jetzt kann der Montagskreis mit seinen Berichten beginnen. Fünf Kinder erzählen zwölf Minuten, die Geprächsregeln werden eingehalten, was nicht heißt, dass überhaupt keine Erinnerungen an die Regeln nötig sind.
Nach dem offiziellen Gespräch gehen die Kinder wie geplant einzeln und namentlich aufgerufen an die Plätze zurück.

Reflexion

Diese Stilleübung (Kreisaufbau) dauerte zwölf Minuten, war aber der Grundstein für einen verzögerungsfreien Aufbau an den nachfolgenden Tagen. Im Gegensatz zu den früher durchgeführten chaotischen Sitzkreisen, die immer zu Konflikten unter den Kindern geführt hatten, war dieser Aufbau für alle Beteiligten angenehm. Es gab kein Gerangel, keine Platzkämpfe. Selbst die Schüler, die als letzte nach vorne gerufen wurden, waren sicher, einen Platz im Kreis zu finden. Der Schwerpunkt lag in der Durchführung, nicht auf dem Ergebnis.
Angenehm überrascht hatte mich die Ruhe, in der die ersten Übungen stattfanden. Alle hatten eine Aufgabe, die nur mit Selbstdisziplin und Konzentration zu bewältigen war, sowohl die „Stuhlträger“ als auch die „Hörer“.
Man soll sich selbst nichts vormachen: Natürlich sind die unruhigen Jungen nicht zu Heiligen geworden, aber alle brachten sich in die Ruhe ein. Es gab keine mutwilligen Störungen und keine Aussteiger.
Mido, der für Störungen am anfälligsten ist, machte ganz entspannt mit.
Sebastian, der rotierende Mittelpunkt der Klasse, aber auch andere, konnten einfach noch keine zehn Minuten ganz still sein. Sie unterbrachen die Stille schon hin und wieder, aber nicht fortgesetzt. Deshalb bewerte ich diese Phasen der Übung auch als gelungen.

Die Wortmeldungen zum Kreis waren alle positiv, wenn auch knapp gehalten. Lediglich Mido erzählte: „Mir hat es gut gefallen, weil es sehr gut geklappt hat. Es war auch ruhig, das fand ich besonders..."

Wir haben den Stuhlkreis schon oft wiederholt. Inzwischen brauche ich keinem Kind mehr seinen Platz zuzuweisen. Alle finden sich auf Anhieb zurecht. Das Aufbauritual hat sich gefestigt:

- leise werden,
- auf den Flüsterzuruf warten,
- den Stuhl vor die Brust nehmen und nach vorne kommen,
- in Ruhe ausharren, bis es weitergeht.

Die ruhige Auflösung des Kreises ist die schwierigste Phase. Die Kinder haben sich dann schon eine Zeitlang in Stille geübt, mussten zuvor relativ ruhig sitzen und Selbstdisziplin üben. So ist es verständlich, dass sie schon aus rein physischen Gründen einen Bewegungswunsch empfinden. Mit etwas mehr Übung können wir die Auflösung des Kreises bald kollektiv durchführen. Dann wird die Aufforderung: „Wir nehmen unseren Stuhl und gehen wieder so leise an unseren Platz, dass uns keiner hört", sicher von allen umgesetzt werden können.
Durch den positiven Verlauf der Übung angespornt, trainieren wir nach dem gleichen Verfahren weitere Fertigkeiten. Nach Montessori gehören sie zu den „Übungen des täglichen Lebens", die jetzt im Rahmen der Hinführung zur Stille als Rituale wieder eingeführt werden.

Übung 2 **Schulsachen wegpacken** [43]

Nach Eintreten völliger Stille versuchen einzelne Kinder ein Heft, ein Buch oder das Mäppchen geräuschlos in ihren Tornister zu packen, ihn zur Seite zu stellen und sich wieder richtig an den Platz zu setzen. Diese Übung erfordert die ganze Konzentration der Kinder. Sie fällt ihnen nämlich nicht leicht. Trotzdem sind die Kinder sehr eifrig. In der zweiten Übungsstufe durften zwei bis drei gleichzeitig üben, bevor es dann alle gemeinsam ausprobierten.

Auch wenn es nur Probehandlungen sind – auspacken und einpacken –, geben sich alle große Mühe. In diesen Übungen ist Stille konkret wahrnehmbar. Jedes Geräusch ist ganz deutlich zu hören. Das Gelingen hängt von jedem einzelnen Mitglied der Gruppe ab. Auch wenn das nicht so klar in den Köpfen ist, achtetet doch jeder auf sich selbst und auf eventuelle Geräusche der anderen.

Ein typischer Zwischenfall an einem der Übungstage: Sebastian, der bei den Einzelübungen nicht drankommt, quittiert seinen Frust, indem er ein Buch mit lautem Knall auf den Tisch wirft. Selbstkontrolle und -disziplin fallen ihm sehr schwer. Er möchte immer im Mittelpunkt stehen und mag die eigenen Bedürfnisse nicht zurückstellen.

Übung 3 Stühle hochstellen

Diese Übung wird analog zu „Schulsachen wegpacken" ausgeführt, d. h. wenn Ruhe eingekehrt ist, versuchen zunächst einzelne Kinder, möglichst geräuschlos ihren Stuhl hochzustellen und danach ruhig an ihren Plätzen stehenzubleiben, während einige andere (nacheinander) die gleiche Übung ausführen. (Durch die Spannung, die dadurch entstand, ob die Prozedur – fast – geräuschlos zu schaffen wäre, waren die Kinder bereit und in der Lage, sich ruhig zu verhalten.)
Anschließend werden die Stühle ebenso leise an ihren Platz zurückgestellt, und die betreffenden Kinder setzen sich wieder. Beim nächsten Mal sind andere an der Reihe, so lange, bis es möglich ist, den Vorgang mit allen gleichzeitig durchzuführen.

Übung 4 Zur Turnhalle gehen

Eine weitere Möglichkeit, Stille und Bewegung zusammenzubringen, ist der Gang durch das Schulgebäude. Die meisten Lehrerinnen und Lehrer kennen die Situation, wenn man mit einer lärmenden Klasse durchs Treppenhaus der Schule unterwegs zur Turnhalle ist. Da kann im Lehrer leicht Stress aufkommen. Wir sind gewohnt zu ermahnen. Wir halten Ansprachen oder ködern die Kinder mit ihrem Lieblingsspiel; wir drohen Sanktionen an und verhängen Kollektivstrafen.
Es zeigt sich, dass das Herstellen von Stille vor dem Verlassen des Klassenzimmers von besonderer Bedeutung ist. Stille nicht als Abwesenheit von Geräuschen verstanden, die sich gerade mal dann einstellt, wenn alle für einen Moment den Mund halten, sondern als ein Zustand, der aktiv hergestellt wird. Das ist der Kern des Konzepts. Realisiert wird es durch eine Aufgabe, eine Herausforderung, der sich die Kinder gerne stellen. Die Aufgabe für uns Lehrer besteht darin, einen entsprechenden Ansporn zu for-

mulieren. Die folgende Übung sollte im Sitzkreis durchgeführt werden. Sie verschlingt nicht mehr Zeit als das bloße Warten darauf, dass auch das letzte Kind den Mund hält.

„Stell dir vor, die Turnhalle, zu der wir uns gleich aufmachen, liegt nicht am Ende des Schulhofs. Sie ist nur über einen Fluss erreichbar. Du steigst auf ein Floß und lässt dich langsam treiben. Das Wasser ist ganz ruhig, und obwohl du stehst, kannst du leicht dein Gleichgewicht halten. Du stehst wie ein angewurzelter Baum sicher auf den Stämmen. Das ist wichtig, denn du darfst auf keinen Fall ins Wasser fallen, du weißt nicht, was sich alles darin tummelt. Der Fluss treibt uns ein Stück abwärts, bevor wir am anderen Ufer ankommen.
Ich werde gleich ganz still sein, nicht mehr sprechen. Dann möchte ich, dass ihr im Geiste das Floß besteigt und ebenfalls ganz leise über den Fluss treibt. Dabei könnt ihr vieles mit den Augen und mit den Ohren bemerken…
Bis wir auf der anderen Seite am sicheren Ufer angekommen sind, spüren wir nur den leichten Wind, der uns kühlt, alles andere ist uns gleichgültig. Um die Stühle kümmern wir uns nicht, wir lassen sie stehen und verschieben sie nicht.
Denkt an die kleine Reise, die vor uns liegt, macht euch jetzt auf und besteigt das Floß. Wir treffen uns am Eingang zur Turnhalle."

Fazit: Bei dieser Übung habe ich die Erfahrung machen können, dass die Kinder recht schnell ruhig werden und sich gerne einer Disziplin unterziehen, die sie sich selbst auferlegen.
Wenn dieses Ritual einmal gefestigt ist, glaube ich, dass viele Ermahnungen entfallen werden und ich mehr Energie für das Ausdenken von interessanten Geschichten freisetzen kann.

Reflexion

Die Kinder beherrschen alle diese rituellen Übungen nach kurzer Zeit einigermaßen gut. Die einzelnen Übungsschritte müssen aber trotzdem immer wieder geübt werden, und es dauert noch einige Zeit, bis sie zu selbstverständlichen Handlungsweisen geworden sind.

Für das soziale Miteinander sind Rituale nützliche Strukturierungshilfen. Sie sind darüber hinaus auch Voraussetzungen für Freiarbeit und Wochenplanarbeit.

Diese Übungen sind für alle Kinder eine Herausforderung. Es ist niemand dabei, der sich von vornherein überfordert fühlt und nicht teilnimmt. Auch Sebastian gibt sich Mühe. Das Einüben solcher Handlungsabläufe ist für unsere Kinder ungemein wichtig. Wie sonst sollen sie zu Selbständigkeit kommen, wenn nicht über den Weg der Übung?

Insgesamt geht es natürlich nicht nur darum, dass diese Übungen beherrscht werden und im spielerischen Umgang glücken. Längerfristig sollen die Kinder das eingeübte Verhalten von sich aus beherzigen.

MANDALAS HELFEN ZUR MITTE ZU FINDEN

Eine besondere Möglichkeit, nach innen zu schauen und Stille zu erfahren, ist das Malen (bzw. Ausmalen) von Mandalas. Es gibt hierzu, wie Reichgeld schreibt, keine „genormten Zugänge und Verfahren, allenfalls unterschiedliche Erfahrungen mit mehr oder weniger brauchbaren Anleitungen und Situationen, aus denen sich ein solches Tun mehr aus sich heraus als von außen geleitet anbietet." [44]

Malen ist eine Tätigkeit, die fast alle Kinder meiner Klasse gerne ausüben und die sie auch bereits gut kennen. Nur Jens ist hier eine Ausnahme. Er traut seiner Phantasie nicht viel zu, er schreibt und rechnet lieber.

Wer den Kindern beim Malen von Mandalas zuschaut, der sieht, wie sie ruhig und entspannt werden und bei sich ankommen. Das Malen erweist sich im Hinblick auf die Altersgruppe als sinnvoll. Mandalas zu malen knüpft an die Kindergartentradition an, Bilder auszumalen und führt diese auf neuer Stufe sinnvoll fort.

Beim Malen von Mandalas kann diese konzentrative Wirkung besonders deutlich werden. Malen von Mandalas hat etwas Meditatives. C. G. Jung hat in seinen Studien entdeckt, dass das Symbol des Kreises immer wieder für eine Zentrierung der eigenen Persönlichkeit, für ein Zur-Mitte-Finden steht, in dem heilende und ordnende Kräfte wirken. [45]

Mit einem Mandala bieten wir den Kindern die Möglichkeit, sich zweck- und leistungsfrei zu äußern. Kinder müssen nichts über die tiefere Bedeutung von Mandalas wissen, sie brauchen keinen theoretischen Überbau zum Malen von Mandalas. Mandalas werden nicht „zwischen Tür und Angel" ausgegeben, es sind nicht irgendwelche Bilder zum Ausmalen. Der Lehrer muss dazu den angemessenen Rahmen schaffen (vgl. dazu die ausführliche Darstellung innerhalb der Unterrichtssequenz).

Ich habe das Malen von Mandalas als Stilleübung aus folgenden Gründen ausgewählt:

- Es bietet den Kindern die Möglichkeit, dabei zu sich kommen, einen Weg zur eigenen Mitte zu finden.
- Das Malen mit seiner ordnenden, beruhigenden, und einigenden Kraft dringt in die kindliche Seele und hinterlässt dort seine Spuren.
- Das Ausmalen von Mandalas erzeugt ein positives Selbstbild, da man nichts falsch machen kann, alles ist richtig. Mandalas sind immer schön.
- Die Kinder lernen gleichsam nebenbei, Gesprächsregeln zu beachten.

Insgesamt haben wir bisher in vier Übungen unterschiedliche Mandalas ausgemalt, ich schildere im folgenden die Einführungsstunde zu diesem Thema.

Als Material benötigen Sie Kopiervorlagen mit Konturen von Mandalas (Sie sind im Buchhandel erhältlich; einige Beispiele finden Sie im Anhang dieses Buches auf den Seiten 130–133), Malstifte (möglichst keine Filzschreiber) für jedes Kind sowie eine Glocke für das Schlußsignal.

Phasen der Übung:	***Planung der Sequenz zum Thema: Malen von Mandalas***
1. Aufbau innerer Bereitschaft	Einladung zu einem Gespräch über die Mitte eines Kreises.
2. Bei mir ankommen / mich selbst wahrnehmen	Wir kommen in den Stuhlkreis. Gespräch über Kreis und Mitte. Wir suchen die Mitte. Erste Mitte des Stuhlkreises: runde Decke, zweite Mitte: ein Kerzenständer, dritte Mitte: die Kerze, vierte Mitte: der Docht, fünfte Mitte: die Mitte vom Docht.
	Ein Kind zeigt jeweils die Mitte. (Die Kinder sind von diesem Gedankenexperiment fasziniert.) Jetzt lege ich um diese Mitten herum sternförmig die Blätter mit den Mandalas. Eine Mitte, von der Strahlen ausgehen. Die Kinder nehmen sich ein Blatt und setzen sich wieder hin (ca. 10 Min.).
3. Durchführung / sich der Stille öffnen	Malen in aller Stille bei Musik von Kitaro (ca. 20 Min.).
4. Zurückholen an den Ort des Geschehens	„Kommt nun bitte zum Ende und legt eure Stifte weg!“ (Glockenzeichen nach ca. 3 Min.)
5. Erfahrungen ausdrücken / sich mitteilen	Die Schüler kommen mit ihren Bildern in den Kreis, legen sie aus. Wer etwas dazu sagen will, darf jetzt reden, es darf nichts bewertet/abgewertet werden (ca. 10 Min.).
6. Abschluss - nach außen gehen	Die Kinder nehmen einzeln ihre Bilder und heften sie ab (ca. 5 Min.).

Reflexion

Es ist erstaunlich, wie ruhig diese Klasse sein kann. Den größten Teil des Tages eine unruhige und lautstarke Bande, jetzt still und bedächtig. So jedenfalls war die Klasse während der Malphase.

Im Sitzkreis zeichnete sich schon ab, dass die Malphase ruhig verlaufen würde. Es war neu für die Kinder, um eine Mitte zu sitzen, in der eine Kerze brennt, und sich über etwas Transzendentes wie die Mitte der Mitte zu unterhalten.

Die sichtbare Mitte bindet immer Aufmerksamkeit und gibt der Gruppe so einen zusätzlichen Zusammenhalt.

Leider fehlten in diesem Kreis Sebastian und Mido. Mido wollte wiederholt mit dem Fuß die Mitte „beschädigen". Er zog es dann vor, alles von seinem Platz aus zu verfolgen. Sebastian fand keine Möglichkeit, sich anders in die Gruppe einzubringen als durch Störungen. Er konnte einfach nicht aufhören, irgendwelche Bemerkungen in die Runde zu werfen und zeigte sich unfähig, auch nur ansatzweise die Regeln des Gesprächs einzuhalten. Auch er setzte sich schließlich weg. Von der Leseecke aus beobachtete er alles. Dort fiel es ihm dann interessanterweise nicht mehr schwer, leise zu sein.

Beim Malen hatte mir Sebastian jeden Strich abgeschaut und auf seinem Blatt nachgemalt. Er wollte alles genau so haben wie ich. Am Ende der Stunde war er wieder der kleine lächelnde Junge, dem man nicht ansieht, dass er so ungebärdig sein kann.

Das Bedürfnis, gleiche Bilder zu malen, hatten noch einige andere Kinder. Henry, Marcus, Laura, Verena und Felix sprachen sich ständig ab, damit alle das Gleiche machten. Hier stand ich dann vor der Alternative, auf die nötige Ruhe zu drängen und ein eventuelles Gruppenerlebnis zu stören oder die Arbeitsruhe aufzugeben und das kollektive Malen zuzulassen.

Damit die ganze Aufmerksamkeit ins Malen fließen konnte, und in Anbetracht der Meditationsmusik im Hintergrund, entschied ich mich für die erste Variante.

Am Ende legten alle ihre Bilder noch einmal um die Mitte und gestalteten auf diese Weise ein strukturiertes Gesamtbild.
Viele Mandalas wurden erst zu Hause ganz fertig gemalt, einige sogar mit Glitzerschnipseln verziert.
Tatsächlich praktizieren die Kinder viel Selbstdisziplin in solchen Situationen. Auch ohne Vorgaben zu bekommen, arbeiteten sie still und störungsfrei an ihren Aufgaben. Das ist eine Dimension, die dem Malen von Mandalas seine Bedeutung verleiht. Der Wert der Stille wird nur in der Ruhe erfahrbar. Die Kinder waren ganz bei der Sache und in ihre Arbeit versunken. Die Übung gab den Kindern ein Erfolgserlebnis und stärkte das Gemeinschaftsgefühl.

SCHULUNG DER SINNE

Der Weg zu sich selbst geht nur über Erfahrung. Erfahrung machen in diesem Sinne heißt, wie N. Groddeck es ausdrückt, „die Offenheit zu besitzen, auf die eigenen inneren Vorgänge zu hören, wahrzunehmen, was die Dinge und Personen ... in mir an Empfindungen auslösen ...“[46] Das Erlebnis wirkt nachhaltiger als die Belehrung.

In den Sinnesübungen wird die Fülle der Umwelteindrücke bewusst reduziert und beschränkt. Es sollen vornehmlich einzelne der üblicherweise integriert arbeitenden Sinne angesprochen werden. Die Stille ist dabei entweder eine Voraussetzung (Hörübungen), oder sie stellt sich durch die Konzentration auf die Aufgabe ein. Sinnesübungen, das sind Übungen im Tasten, Riechen, Schmecken, Sehen. Hier wird die Wirklichkeit nicht über Bilder und Sprache aufgenommen, sondern über die anderen Sinne. Dem Kind ermöglichen solche Aufgaben, „den Gegenstand oder Reiz, auf den es sich konzentriert, die Stille und sich selbst als Person, die wahrnimmt, intensiv zu erleben.“ (U. Wallascheck in „Übungsfelder“[47])

Die ausgesuchten Sinnesübungen haben einen persönlichkeits- und einen gruppenbildenden Aspekt:

- Mit den Übungen zur Entwicklung der Sinne wird das Ich-Erleben entwickelt und die Persönlichkeit gestärkt. Das ist die Grundlage für ein gesundes Selbstwertgefühl, eine Voraussetzung für friedliches Miteinander. K. Vopel beschreibt das wie folgt: „Sensibilisierung der Wahrnehmung ist ein Prozess, dessen Endziel darin besteht, das eigene Selbst und das Selbst anderer präziser zu erfassen.“[48]
- Sinnesübungen ermöglichen ein gemeinsames Üben in der Gruppe und sind nur im konstruktiven Zusammenspiel möglich.

Zu diesem Thema gibt es viele erprobte Beispielübungen. Ich habe aus diesem Bereich zwei Übungen ausgesucht und durchgeführt.

Übung 1 Spielende Tiere

Dies ist die einzige Übung, die sich unmittelbar an einen Partner wendet.
Ich lasse mit den Tischnachbarn Paare bilden. Bewusst lasse ich die Kinder ihre Partner nicht frei wählen. Der Schwerpunkt sollte möglichst klar auf der Übung selbst und nicht auf dem Paarbildungsprozess liegen. Alle Kinder haben einen Partner.

Lernintentionen

Die Schüler sollen

- versuchen, die ganze Aufmerksamkeit auf einen Körperteil zu konzentrieren und gleichzeitig mit der mentalen Entspannung auch die Muskulatur zu lockern,
- erfahren, wie sie ihre Hände benutzen können,
- Hemmungen im Umgang mit anderen abbauen,
- eine partnerbezogene Erfahrung machen und üben, mit einem Partner zu kooperieren.

Phasen der Übung:	***Planung der Sequenz zum Thema: Spielende Tiere***
1. Aufbau innerer Bereitschaft	Ich möchte euch zu einem Experiment einladen, bei dem wir versuchen, mit unseren Händen zu sprechen. Setzt euch quer zu euren Tischen, so daß ihr hintereinander sitzt und immer einer von euch dem vor ihm Sitzenden die Hände auf die Schultern legen kann. Der Vordere dreht seinen Stuhl herum, so dass er die Arme auf die Lehne legen kann. Er kann auch die Augen schließen, wenn er mag.
2. Bei mir ankommen / mich selbst wahrnehmen	Wir sitzen jetzt gemütlich auf unserem Stuhl, holen einmal tief Luft ... und atmen wieder aus; wir haben jetzt eine angenehme Pause, alles um uns herum ist angenehm und in Ordnung. (1 Min. Stille)
3. Durchführung / sich der Stille öffnen	Ihr (alle Kinder, die ein Kind vor sich sitzen haben) seid jetzt an einem grünen Hügel, den man hinauf- und hinunterlaufen kann... dieser Hügel ist der Rücken des Kindes vor euch. Die Sonne scheint, beide Hände erwärmen den oberen Rücken des Kindes vor euch. Der Wind weht leicht... Eure Hände streichen leicht über den Rücken. Gräser und Tiere fühlen sich wohl... Auf dem Hügel gibt es eine kleine Maus, die neugierig ist, was sie wohl auf dem Hügel alles machen kann. Lasst die Finger eurer rechten Hand wie eine kleine Maus den Hügel hinauf- und hinunterlaufen... Unterwegs trifft die Maus noch eine Freundin (die linke Hand), sie begrüßen sich, dann trennen sie sich wieder... Und da kommt auch eine Schnecke des Weges, die ganz langsam den Hügel hinaufrutscht und dann wieder hinab... Und

da kommt auch ein Känguruh, das mit wenigen Sprüngen den Hügel hinauf- und hinunterstürmt... Und es kommt auch eine kleine Ameise, die leichtfüßig den Hügel erforscht... Und welches Tier soll noch über den Hügel laufen?...
Nehmt nun beide Hände und lasst sie wie zwei schwere Schildkröten über den Hügel laufen...

4. Zurückholen an den Ort des Geschehens

Die Schildkröten ziehen sich jetzt in ihren Panzer zurück, und wir verabschieden uns von unserem Hügel. Wir kommen mit unserer Aufmerksamkeit wieder zurück in die Klasse und schauen uns um.
(Wenn die Kinder Lust dazu haben, können sie die Übung anschließend mit vertauschten Rollen noch einmal durchführen.)

5. Erfahrungen ausdrücken / sich mitteilen

Wie hat euch das Spiel gefallen?
Welche Tiere mochtet ihr am liebsten?

6. Abschluss - nach außen gehen

Wir setzen uns jetzt wieder richtig auf unsere Stühle und haben noch Zeit für ein Mandala. Wer etwas anderes machen will, holt sich eine Freiarbeitsaufgabe.

Übungsverlauf

Unter dem Stichwort „Spielende Tiere“ habe ich eine Partnerübung angekündigt. Im Gewand großer und kleiner Tiere streichen die Kinder mit den Händen über den Rücken des Partners. Um von vornherein einen Ansporn zu geben, sich mit den Berührungen auch Mühe zu geben, sage ich: „Dieses Spiel kann man nur mit großen Kindern spielen, die schon in der Lage sind, mit einem anderen Kind zusammenzuarbeiten.“

Nach der Sammelphase muss die Sitzposition verändert werden. Dann beginnt die Kernphase der Übung, ich lese den Text mit den zugehörigen Anweisungen vor. Die Kinder lachen und gackern; es ist sehr spaßig. Ich habe Mühe, mit meinen Anweisungen anzukommen. Die Darsteller sind irgendwo zwischen ausgelassen und unsicher. Ich bin ehrlich gesagt froh, als der erste Durchgang beendet ist.

Nach dem Positionswechsel wird das Spiel ein zweites Mal durchgeführt. Hier kommt es zu einem Zwischenfall. Christoph P. muss von mir abgelöst werden, weil er seinem Partner angeblich in den Arm gekniffen hat. Der zweite Durchgang verläuft viel ruhiger. Am Ende sind die Kinder allerdings nicht mehr in der Lage, ein Gespräch zu führen.

In den anschließenden zwanzig Minuten schlage ich den Kindern vor, Mandalas zu malen. Der Vorschlag wird sehr freudig aufgenommen, die Kinder malen, und im Hintergrund läuft leise Musik von Deuter.[49]

Reflexion

Der erste Durchgang brachte ein Höchstmaß an Amüsement. Ich fragte mich, wie ich auf diese Stimmung reagieren sollte: Halte ich die Situation aus, und es geht weiter, oder breche ich ab mit der Gewissheit, dass ich den Kindern neben der Albernheit auch den Spaß nehme? Bei der Ameise wurde es wieder leiser. Wir konnten die Übung zu Ende bringen.

Es ist aus der Literatur bekannt, dass auf die Unsicherheit in der Anfangsphase viele Kinder mit La-

chen, Kichern und Albernheit reagieren, aber auch das musste ich erst einmal erfahren, um zu wissen, was es heißt. Die „Rückrunde“ klappte wesentlich besser.
Ich war sehr erstaunt, wie viele Hemmungen zu überwinden waren. Marcus und Henry hatten nur mit einer Hand mitgespielt, andere hatten nur einen Finger genommen. Nur bei den Mädchen lief es völlig erwartungsgemäß. Sie wurden nicht unsicher. Laura tauschte mit Verena Erfahrungen aus, Katharina und Tina verstanden sich auch prima.
Obwohl wir uns für die Einführung der Buchstaben schon oft auf den Rücken geschrieben haben, war die Situation diesmal anders. Einige waren kitzelig, und das steckte an.
Wahrnehmung ist nicht neutral. Es ging nicht nur darum, fühlen zu lernen oder besser zu fühlen, sondern auch um das Verhältnis zu dem, was wir wahrnehmen. Es sah diesmal so aus, als hätten die Kinder eher den Partner wahrgenommen als die spielenden Tiere. Das ist der Unterschied zum Buchstabenraten als Partnerspiel.
Die Übung ist also von der Intention her richtig bei den Kindern angekommen. Dass es unruhig und aufregend war, lag am neuen Modus der Wahrnehmung.

Viele Kinder waren froh, als diese Übung zu Ende war. Der direkte Körperkontakt schien viele der Jungen zu überfordern.

Übung 2 Kresse wahrnehmen

Im folgenden Experiment sollen möglichst alle Sinne angesprochen werden. Wir stellen einen Gegenstand in den Mittelpunkt unserer Aufmerksamkeit und versuchen,

- ihn mit verschiedenen Sinnen zu erschließen,
- eine persönliche Beziehung zu diesem Objekt aufzubauen,
- ihm eine Bedeutung zu geben.

Wenn wir uns ein Stück Apfelkuchen vorstellen, dann kann es gut sein, dass wir es nicht nur sehen, sondern auch riechen und schmecken. Vielleicht sehen wir uns sogar irgendwo sitzen, mit anderen im Gespräch. Wir nehmen normalerweise auf verschiedenen Kanälen wahr. Im Kopf werden komplexe Bilder gespeichert. Unter diesem Gesichtspunkt habe ich eine gegenstandsbezogene Sinnesübung mit Kresse ausgesucht. Das Objekt unserer Aufmerksamkeit ist gleichzeitig Inhalt unseres sachkundlichen Unterrichts, und es bietet sich an, beides zu verbinden.

Die Kinder haben acht Tage zuvor Kressesamen in Schalen gesät. Die Kresse hat sich gut entwickelt. Nun soll die Klasse Gelegenheit bekommen, über sinnliche Erfahrungen ein intensives Verhältnis zu der jungen Kresse zu entwickeln.
Besonders günstig wirkt sich nun die mehrdimensionale Erfahrbarkeit der Pflanze aus. Man kann sie sehen und betasten, sie riecht intensiv und hat einen leicht wiedererkennbaren Geschmack.
Das Lernen mit allen Sinnen ist eine aktuelle Forderung der Grundschuldidaktik, die in diesem Punkt mit einer Didaktik der Stille deckungsgleich ist. Die Kinder sollen daher mit allen Sinnen die Kresse erforschen und anschließend ein Bild malen.
Die Malphase als Ausdrucksform ist den Kindern einer ersten Klasse besonders angemessen. Im Unterschied zum Gespräch haben sie hier viel mehr Zeit, ihre Eindrücke und Gefühle zu verarbeiten. Das kann

sogar während des Malens geschehen. Darüber hinaus ist das Malen eine Tätigkeit mit Kopf, Herz und Hand.
Die verbale Kommunikation gestattet das nicht. Hier müssen die Gedanken geordnet sein, bevor man zu sprechen beginnt. In der Regel kann auch nur kognitiv Erfasstes wiedergegeben werden, Gefühle sind für Kinder in diesem Alter schwer zu verbalisieren.

Lernintention

Die Schüler sollen:

- sich mit dem Partner abstimmen und gemeinsam arbeiten,
- Rücksicht nehmen auf den anderen,
- eigene Interessen wahren,
- ihre Sinne auf eine Sache konzentrieren.

Phasen der Übung:	***Planung der Sequenz zum Thema: Kresse wahrnehmen***
1. Aufbau innerer Bereitschaft	Einladung zum genauen Kennenlernen der selbstgezogenen Pflanzen.
2. Bei mir ankommen / mich selbst wahrnehmen	Zum Einstimmen kommen wir im Stuhlkreis zusammen; wir wollen noch einige Frühlingsmitbringsel der Kinder würdigen (ca. 10 Min.). Danach kehren die Kinder an ihre Tische zurück.
3. Durchführung / sich der Stille öffnen	Die Kresse wird an die Tische verteilt. Pro Tisch – also für je zwei Kinder – steht ein Töpfchen Kresse zur Verfügung; wir sammeln uns noch einmal in absoluter Ruhe. „Vor euch stehen die Töpfe mit der Kresse. Was ist aus den Samenkörnern geworden, die wir vor einer Woche in die feuchte Watte gesät haben?... Wie sehen die Pflänzchen jetzt aus?... Könnt ihr noch etwas bemerken?... Fühlt ganz vorsichtig mit der flachen Hand über die Pflanzen... Wie fühlt sich das an?... Nun schließt die Augen und riecht abwechselnd an den Pflanzen... Wie riecht die Kresse?... Wem geht es wie mir, dass ihm dabei das Wasser im Mund zusammengelaufen ist?... Wer mag, darf jetzt vorsichtig ein paar kleine Pflänzchen abzupfen und sie im Mund zergehen lassen... Wie schmeckt das?... Wer von euch hat zu Hause schon mal Kresse gegessen? Was hat eure Mutter damit gemacht? Lasst euch nun von den zarten Blättern streicheln..., am Gesicht..., an den Händen... Vielleicht erzählt dir die Kresse auch etwas. Ihr habt nun fünf Minuten Zeit, um euch mit den Kressepflanzen vertraut zu machen.

Seid dabei ganz still und aufmerksam…“
(Im Hintergrund spielt eine CD mit Naturgeräuschen; ca. 5–7 Min.)

4. Zurückholen an den Ort des Geschehens

Stellt die Töpfe jetzt in die Mitte und malt ein Bild von dem, was ihr gesehen habt. Vielleicht malt ihr das Bild einer einzigen kleinen Pflanze, vielleicht malt ihr aber auch die ganze Schale: Schreibt dazu, was die Kresse euch erzählt hat.

5. Erfahrungen ausdrücken / sich mitteilen

Die Kinder können jetzt ihren Erfahrungen Ausdruck geben (ca. 15 Min.). Die Kinder lesen vor, was sie geschrieben haben und heben ihre Bilder hoch (ca. 10 Min.).

6. Abschluss - nach außen gehen

Die Töpfe werden wieder auf unseren Ausstellungstisch zurückgestellt, die Zeichnungen abgeheftet.

Reflexion

Den Sitzkreis zu Beginn der Stunde zu bilden, hatte sich bewährt. Die Kinder kamen schnell zur Ruhe. Auffallend war, wie bereitwillig und offen die Kinder über das Erlebte berichteten. So war eine von Jungen und Mädchen gemeinsame Erfahrung, dass die Kresse irgendwie angenehm ist; hier einige Äußerungen der Kinder:

„Die war ganz weich.“ (Mido)
„Fühlt sich wie Wolle an.“ (Marcus)
„... ist kitzelig und flauschig.“ (Henry)
„Da kann man mit kuscheln.“ (Verena)
„Die ist schön weich.“ (Christoph Sch.)
„Sie ist weich.“ (Laura)
„Die ist lecker.“ (Marcel)
Weitere Antworten: „Die stinkt...“, „Sie schmeckt scharf...“, „...ist schön kalt...“, „...kitzelt gut.“, „Der Stiel teilt sich.“, „...ist grün.“
Tobias schrieb auf sein Bild: „Bei mir war gar nichts.“ Dafür malte er sein Bild, eine Kressepflanze mit Kern, Wurzel und Blättern mit fünf verschiedenen Farben.

Die Kinder konnten viele für sie wichtige Bezüge herstellen und dabei Wesentliches entdecken. Zusammenarbeit war erforderlich. Die Kinder mussten sich zu zweit eine Schale teilen. Alle dazu nötigen Absprachen hatten die Kinder allein getroffen. Im Unterschied zur Partnerübung „Massage“ war hier genug Distanz möglich. Mit dem Abwechseln hatten die Kinder in dieser Stunde keine Probleme.
Alle Kinder waren leise und vorsichtig im Umgang mit der Pflanze. An allen Tischen war ein sachgerechter Umgang zu sehen, und keine Pflanze wurde wegen der Untersuchungen zerstört. So wurde nur an einem Tisch etwas Wasser verschüttet. Als die Kinder die Kresse wieder nach vorne trugen, bewegten sie sich genauso vorsichtig wie beim Tragen der Stühle.
Insgesamt zeigten sie reges Interesse an der Sache und partnerschaftlichen Umgang bei der Arbeit.

Übung 3 Schmucksteine betrachten

Die Kinder sitzen mit geschlossenen Augen im Morgenkreis und haben die Hände zu einer geöffneten Schale geformt. Ich lege jedem Kind einen kleinen Stein in die Hand. „Wenn ihr eure Augen geschlossen haltet, fühlt ihr etwas. Wie fühlt es sich an? Ist es warm oder kalt? Ist es glatt? Und wie schmiegt es sich in deine Hand? Ihr habt nun Zeit, etwas über dieses Ding herauszufinden ...
Wer will, darf seine Augen jetzt wieder öffnen und vergleicht das, was er sieht, mit dem, was er ertastet und sich vorgestellt hat. Vielleicht haltet ihr den Stein gegen das Licht, blinzelt mal mit einem Auge. Welche Farben hat euer Stein? Wo kommt er wohl her?"
Die Kinder erzählen von ihren Assoziationen und dürfen den Stein mit nach Hause nehmen.
Diese Form der Stilleübung kann auch als methodischer Einstieg für viele Themen genutzt werden (Kartoffeln, Sonnenblumenkerne, die anschließend eingepflanzt werden, Erde, Tulpenzwiebeln etc.).

Übung 4 Brot „begreifen"

Im Rahmen des Sachunterrichts beschäftigen wir uns mit dem Berufsstand der Bäcker.
Ich bringe den Kindern am Morgen ein selbstgebackenes Brot mit, welches in ein Kopfkissen versteckt ist. „Ich habe euch heute etwas ganz Besonderes mitgebracht. Ich lasse es jetzt durch den Kreis gehen, und ich möchte, dass ihr das, was darin ist, vorsichtig befühlt. Wenn ihr wollt, dürft ihr auch mal daran riechen oder hören, ob es vielleicht Geräusche macht. Wenn ihr herausgefunden habt, was es ist, dann behaltet es für Euch." Am Ende der Runde wird das Brot aus dem Kopfkissen herausgeholt. Nun schneide ich jedem Kind ein Stück davon ab und lasse es kosten. „Bevor ihr das Brot esst, versucht einmal das Brot mit eurer Zunge zu betasten. Fühlt es sich in eurem Mund weich oder hart an…, spürt ihr die Kru-

ste?… Fühlt es sich trocken oder nass im Mund an?… Nehmt euch Zeit beim Kauen… Merkt ihr, wie sich eure Muskeln bewegen?… Wonach schmeckt das Brot?… Könnt ihr Salz im Brot schmecken?… Woran erinnert euch das Brot?…“

Übung 5 Telefonkette

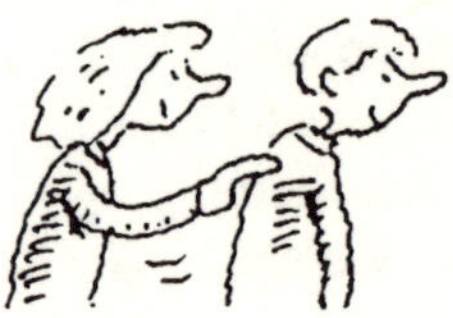

Die Kinder schreiben ihrem jeweiligen Nachbarn nacheinander Buchstaben auf die Handinnenfläche oder auf den Rücken und geben sie so weiter. Der Letzte nennt den Buchstaben.
Ich lege besonderen Wert auf die Atmosphäre, in der die Übung durchgeführt wird. Das Spiel entfaltet seine volle Wirkung nur, wenn die Kinder ganz bei der Sache sind. Selbstdisziplin und die Bereitschaft, sich zurückzunehmen, sind unabdingbar.

RÄTSELPHANTASIEN

Rätselphantasien sind eine gute Möglichkeit, Kinder an Phantasiereisen heranzuführen. Anders als bei normalen Rätseln, die den Kindern von Erwachsenen oder Freunden gestellt werden, wird das Rätsel hier in eine Stilleübung eingebaut oder besser, es wird zu einer Stilleübung.

Grundsätzlich kann man davon ausgehen, dass Kinder Rätsel mögen, denn, wie K. Vopel es ausdrückt: „Das Rätsel verkörpert das Geheimnisvolle der Welt, dem die Kinder ständig begegnen... Ein Rätsel spricht ihren Sinn für das Mysteriöse ebenso an, wie ihre Bereitschaft zu lernen und die Dinge zu begreifen. Ein gelöstes Rätsel ist eine Bestätigung der eigenen Tüchtigkeit.“[50]

In diesen Rätselphantasien wird die Neugier der Kinder stimuliert. Indirekt erhalten sie viele Botschaften, die ihre Kompetenz unterstreichen und ein positives Verhältnis zu ihrem Körper vermitteln.

Das Rätsel wird so formuliert, dass die Kinder die Beschreibung aus der Perspektive des Gesuchten erleben. Das „Entdecken“ ist eins der wichtigsten Aneignungsverfahren des Kindes überhaupt.

Als Einstieg in die Arbeit mit imaginären Bildern ist die Rätselphantasie gut geeignet. Alle Informationen drehen sich um Dinge oder um Körperteile, die es zu erraten gilt. Dazu kommt, dass mit den Rätselphantasien unterschiedliche soziale Verhaltensweisen eingeübt werden.

Die Rätsel sind bei den Kindern sehr beliebt. Wenn solch ein Rätsel auf dem Programm steht, ist die Aufmerksamkeit groß.

Für meine Klasse haben sich die Rätselphantasien als ideal erwiesen, zum einen, da der zeitliche Rahmen begrenzt ist, zum anderen, da sie alle Merkmale einer ausgedehnten Stilleübung tragen.

Insgesamt haben wir acht Rätselphantasien durchgeführt, die ich auf den folgenden Seiten vorstelle.

Übung 1 **Das Herz**

Lernintentionen

- Die Übung findet als gemeinsame Veranstaltung im Sitzkreis statt.
- Das Kind lernt, dass erfolgreiche Kommunikation von genauem Zuhören abhängt.
- Die Schüler lernen, sich zu beherrschen. Sie dürfen ihre Auflösungen nicht laut bekannt geben, sondern flüstern sie mir statt dessen einzeln ins Ohr
- In der Wartezeit üben alle anderen die Stille.
- Es gibt auch im anschließenden Gespräch keine Bewertung der Antworten. Die Kinder lernen, dass jeder anders erlebt.
- Durch die Identifikation des Kindes mit dem gesuchten Rätselgegenstand lernt es automatisch, sich in etwas anderes hineinzuversetzen (Empathie).

Phasen der Übung:	***Planung der Sequenz zum Thema: Das Herz***
1. Aufbau innerer Bereitschaft	Einladung in den Kreis, um dort eine Rätselaufgabe zu lösen.
2. Bei mir ankommen / mich selbst wahrnehmen	In den Kreis gehen und dort ankommen. Wir entspannen uns. Ich lenke die Aufmerksamkeit der Kinder auf: • Körperhaltung, • Sicherheit und Wohlbefinden, • Atem und Muskelentspannung, • Schließen der Augen, • Ruhe.

„Ich werde euch jetzt ein Rätsel erzählen, und in diesem Rätsel werdet ihr etwas ganz anderes sein als sonst. Hört genau zu, um herauszufinden, was ihr in diesem Rätsel seid. Wenn ich fertig bin, werde ich herumgehen, und jeder kann mir ins Ohr flüstern, was er in dem Rätsel ist..."

3. Durchführung / sich der Stille öffnen

„Du bist ein wichtiger Körperteil, der ganz und gar unsichtbar ist. Du hast viel zu tun und arbeitest Tag und Nacht. Nachts ist deine Arbeit leichter, weil der Körper, für den du arbeitest, ganz ruhig und locker im Bett liegt. Am Tag hast du mehr zu tun, weil der Körper sich dann bewegt. Du hast eine wichtige Aufgabe. Du gibst den Muskeln Kraft und dem Gehirn Sauerstoff. Nach einem schnellen Lauf machst du dich bemerkbar. Dann kann das Kind dich spüren: Bum, bum, bum, bum.
Aber nach einiger Zeit kannst du wieder langsamer arbeiten. Dann hört sich das so an: Bum... bum... bum... bum... Dein Platz ist mitten in der Brust.

4. Zurückholen an den Ort des Geschehens

An dieser Stelle ist das Rätsel zu Ende. Ich gehe nun herum und komme zu jedem von euch einzeln hin. Flüstert mir die Lösung leise ins Ohr.
Hier gebe ich die Lösung bekannt.

5. Erfahrungen ausdrücken / sich mitteilen

Frage: „Wie hat dir das Rätsel gefallen?"
„Kannst du uns zeigen, in welchem Takt dein Herz gerade schlägt?"

6. Abschluss - nach außen gehen

Gang auf den Schulhof zum Rennen. Wir wollen unser Herz kräftig schlagen lassen.

Übungsverlauf

Der Sitzkreis wurde nach dem bewährten Verfahren durchgeführt:

- leise werden,
- auf den Flüsterzuruf warten,
- den Stuhl vor die Brust nehmen und nach vorne kommen,
- in Ruhe ausharren, bis es weitergeht.

Nachdem wir im Sitzkreis angekommen sind und auch ich meinen Platz in der Runde eingenommen habe, kann ich den Text mit der gewohnten Betonung vorlesen. Ungefähr die Hälfte der Klasse hat die Augen geschlossen. Alle hören zu. Der entscheidende Moment kommt dann, wenn ich mit dem Vorlesen fertig bin, die Kinder die Lösung bereits wissen, aber schweigen sollen. Dennoch gehe ich ruhig von Kind zu Kind. Es gibt praktisch keine Störungen.
Als ich dann das Herz als den gesuchten Körperteil nenne, bricht ein wahres Siegesgeheul aus. Die Mehrzahl springt von den Stühlen und jubelt. Dann folgt ein allgemeines Abhorchen. Die meisten Kinder wenden sich ihren Nachbarn zu.
„Merkt euch, wie euer Herz jetzt schlägt. Wir wollen mal vergleichen, was passiert, wenn wir über den Schulhof rennen."
Wir gehen in Zweierreihen leise durch die Schule und jetzt heißt es, „Dampf ablassen", „zeigen, was in einem steckt". Die Kinder rennen los. Nach fünf Minuten ist allgemeine Sammlung, und jeder legt noch mal die Hand aufs Herz. Dann ist die Aktion beendet.
Zum Einsammeln und Zurückgehen brauche ich nicht lange zu rufen, und auch der Rückweg durchs Schulhaus ist diszipliniert.

Reflexion

Was die Selbstdisziplin angeht, hatten die Kinder sich in dieser Stunde gut unter Kontrolle, und erst als das Siegesgeheul ausbrach, wurde mir klar, welche persönliche Leistung sich hinter zehn bis zwölf Minuten Stille für die Kinder verbirgt. Sie lernen, sich zu kontrollieren und auf andere Rücksicht zu nehmen. Das trifft auch auf Sebastian, Mido, Marcus, Jens, Henry und Lars zu. Es gibt Situationen, in denen sie es schaffen, sich an die vereinbarten Regeln zu halten. Auf dem Schulhof z. B. hatten sie sich nicht ausgeklinkt und etwas ganz anderes gemacht, was auch schon vorgekommen war. Auch das ist positiv zu vermerken.

Die gemeinsame Aktion war Anlass zu vielen kleinen Gesprächen unter den Kindern. Sie tauschten sich aus, sie ließen sich gegenseitig „mal fühlen".

Ich habe von keinem Kind negative Notizen in den Aufzeichnungen dieser Stunde.

Diese Rätsel sind bei den Kindern sehr beliebt. Wenn solch ein Rätsel auf dem Programm steht, ist die Aufmerksamkeit groß.

Insgesamt haben wir acht Rätselphantasien[51] durchgeführt, von denen die meisten ebenso positiv verlaufen sind. Entscheidend dafür ist wohl die kompakte Form.

Die Rätselphantasien haben sich für meine Klasse als ideal erwiesen, zum einen, da der zeitliche Rahmen begrenzt ist, zum anderen, da sie alle Merkmale einer ausgedehnten Stilleübung tragen.

Übung 2 **Die Biene**

Du bist klein, aber nicht allein. Du hast viele Schwestern, aber wenig Brüder. Du wohnst mit ihnen in einem gemeinsamen Haus. Du bist sehr fleißig. Dein Arbeitstag beginnt schon früh am Morgen. Für die große Familie sammelst du eifrig Nahrung. Sie ist köstlich und wird auch von großen und kleinen Menschen gerne gegessen. Du fliegst zu den Blüten von Bäumen, Sträuchern und Blumen. Wenn du nach Hause kommst, bist du schwer beladen. Wenn wir dich herumfliegen sehen, wissen wir, dass der Winter vorbei ist. Man kann dein Summen gut hören, wenn du fliegst. Du bist ein friedliches Tier.
Hast du einen Namen?
An dieser Stelle braucht die Übung nicht unbedingt zu Ende zu sein. Man kann die Kinder im Anschluss auch als Bienenschwarm ausschwärmen lassen. Auf diese Weise erkunden sie die Schulhofbotanik zielgerichtet und intensiv.

Übung 3 **Der Schnee**

Dich gibt es bei uns nur im Winter. Du kommst von weit oben aus dem Himmel. Du fällst ruhig und gleichmäßig auf die Erde herab, man kann dich nicht hören. Du bist mal klein, mal größer, und du bist blendend weiß. Wenn viele von dir auf unsere Erde fallen, verändert sich alles um uns herum; alles bedeckt sich mit einer weißen Schicht. In der Sonne funkelt und glitzert ihr wie tausend Diamanten. Wenn wir dich fangen wollen, schmilzt du auf unserer Hand. Wenn du da bist, können wir viele Dinge tun, die wir nur tun können, wenn du da bist. Wer bist du?

Übung 4 Die Eltern

Sie sind fast immer da, wenn du nach Hause kommst. Sie lieben dich, auch wenn sie schon mal mit dir schimpfen. Wenn du krank bist, sitzen sie an deinem Bett und lesen dir vor. Sie lachen und spielen mit dir. Sie sorgen für dich, sie machen dir das Frühstück und packen dir Butterbrote ein. Wenn du traurig bist, trösten sie sich. Wer sind sie?

Übung 5 Das Wasser

Wir benutzen dich jeden Tag. Du bist ganz selbstverständlich für uns. Du spülst den Schmutz von unseren Händen und von unserem Körper. Meistens bist du kalt, man kann dich aber auch warm machen. Es gibt auf der Erde Stellen, da gibt es so viel von dir, dass man sogar in dir schwimmen kann. Am wichtigsten bist du aber, wenn wir dich trinken. Was bist du?

Übung 6 Der Igel

Meistens bist du in der Dämmerung unterwegs. Du lebst in Gärten und Parks. Deine Oberseite ist mit Stacheln geschützt. Wenn du dich erschreckst, rollst du dich zu einer Kugel zusammen. Du isst gerne Schnecken und Würmer, und im Herbst lässt du dir auch das reife Obst, welches unter den Bäumen liegt, schmecken. Wer bist du?

PHANTASIEREISEN

Jede Erzählung, die dem Hörer Raum für eigene Phantasien lässt, kann auch als Phantasiereise verstanden werden.
Phantasie ist nicht angeboren und wird nur dann eine Fertigkeit, wenn sie geübt, gepflegt und entwickelt wird. Phantasie ist auch für das soziale Verhalten nicht unwichtig. Nur wer Phantasie besitzt, kann z. B. auch Vorstellungen oder Visionen entwickeln, in denen Teamarbeit höher rangiert als Konkurrenz. Wie Doris Müller feststellt, haben Phantasiereisen persönlichkeits-, intelligenz- und kreativitätsfördernde, psychohygienische, sozial-integrative, bewusstseinserweiternde und heilsame Wirkungen.[52]

Phantasiereisen als Unterrichtsmethode

Maschwitz unterscheidet gelenkte Phantasiereisen, geführte bzw. halboffene Phantasiereisen, offene Phantasiereisen und aktive Imaginationen.[53]
In gelenkten Phantasiereisen ist die Vorgabe durch den Erzähler groß, der Raum für die eigene Phantasie entsprechend klein. Trifft man mit einer solchen Reise das Interesse der Kinder, so werden sie wahrscheinlich bereitwillig folgen. Können sich die Kinder nicht in die Reise einfügen, ist die Distanz zu den Bildern zu groß, dann steigen sie vielleicht aus, weil sie das Gefühl haben, es ist nicht ihre Geschichte.
Mit zunehmender Offenheit nimmt auch der Freiheitsgrad für den Hörer zu. In halboffenen Phantasiereisen werden die Kinder direkt angesprochen. So kann ihre Motivation gesteigert werden, und sie werden offen für die Grundimpulse der Geschichte.
Bei den offenen oder ungelenkten Phantasiereisen führen die Impulse die Teilnehmer auf individuellen und deshalb unterschiedlichen Wegen zum Ziel.
Die offene Form wurde von mir nicht eingesetzt. Sie eignet sich eher für ältere Kinder. Ich habe mich dafür entschieden, mit der halboffenen Form zu beginnen. Wenn die Phantasiereisen den Schülern Raum für

eigene Bilder lassen sollen, so muss man ihnen dafür auch Zeit geben. Das heißt, zwischen einzelnen markanten Sätzen müssen angemessene Pausen sein.

Phantasiereisen können auch ein methodischer Bestandteil von Unterricht sein. Mit ihnen wird der Einstieg in ein neues Thema eingeleitet. Die Kinder sind dann schnell mitten im Geschehen, persönlicher Bezug und emotionale Beteiligung werden unterstützt. Gute Erfahrungen mit Phantasiereisen gibt es in Bezug auf das Kreative Schreiben. Phantasiereisen bieten einen hohen Anreiz zum Schreiben. Ich schlage vor, die Phantasiereise als methodisches Mittel zu einem späteren Zeitpunkt zu nutzen, da diese Übungsform bereits einen fortgeschrittenen Schwierigkeitsgrad hat.

Phantasiereisen sind als Gegengewichte zum Fernsehkonsum für unsere Kinder wichtig, weil die Intensität der medialen Bildimpulse meist so dicht ist, dass den Kindern für eigene Phantasien kaum Raum bleibt. In Phantasiereisen nehmen wir die Kinder mit in eine Welt der Bilder und Vorstellungen. Dabei bleibt so viel Spielraum, dass eine freie und phantasievolle Entfaltung der Bildinhalte möglich ist. Phantasiereisen sind komplexe und subtile Lernspiele, in denen wir, wie D. Müller in „Phantasiereisen im Unterricht schreibt, „die Schüler in eine innere Reise führen, sie in der Phantasie etwas erleben lassen und sie anschließend wieder zurückholen.“[54]

Übung 1 Der Krake Isidor

In dieser Phantasiereise soll soziales Miteinander nicht nur in der Form der Übung erfahrbar sein, es soll auch inhaltlich um soziales Verhalten gehen. „Helfen“, „Sich helfen lassen“, „Verantwortung für jemanden zeigen“ sind die inhaltlichen Aspekte, die im Rahmen der Geschichte angesprochen werden. Phantasiereisen sind eine effektive Lernmethode. Sie bieten spirituelle Lernwege, die durch wiederholtes Gehen Sicherheit geben. Helfen und solidarisches Verhalten sollen mental durchlebt werden, damit sie im realen Miteinander leichter zum Tragen kommen.

Wie bei allen anderen Stilleübungen ist Freiwilligkeit die Grundlage für die Teilnahme.
Vorangehen soll eine Entspannungsübung, in der die Kinder von Unterricht und Schule abschalten und bei sich ankommen können. Diese Übung wird nicht im Stuhlkreis durchgeführt werden, sondern am Platz. Das empfielt auch E. Bauer in seiner „Didaktik der Stille“ als Möglichkeit, den SchülerInnen die Teilnahme zu erleichtern, denn „gerade in schwierigen Klassen empfiehlt sich ein Beginn am gewohnten Platz, zur Not am Tisch.“[55] Die Augen sollen während der Übung geschlossen sein, den Kopf dürfen die Kinder auf dem Tisch auf die Arme legen.

Lernziele

Phantasiereisen sind nicht nur individuelle Veranstaltungen, die sich sozusagen auf das innere Auge beschränken und damit von der Gruppe losgelöst sind. Das folgende Beispiel verdeutlicht dies: Vergleicht man einen Kinobesuch mit dem Gang zur Videothek, in der man sich einen Film ausleiht und mit nach Hause in seine vier Wände nimmt, stellt man fest, dass der Kinobesuch soziale Kompetenz erfordert. Man muß nämlich an der Kasse anstehen, sich in eine Warteschlange einordnen, bevor man hineingehen kann; den Platzanweiser beachten; still sein, um andere nicht zu stören; nach dem Film geordnet den Saal verlassen.

Dementsprechend sehe ich Phantasiereisen als gemeinsame „Vorstellung," in der verschiedene Aspekte sozialen Verhaltens erworben werden können. Denn Phantasiereisen

- bieten Raum für eine kollektive Erfahrung
  - im Stillwerden,
  - im Hören der Geschichte,
- üben den Umgang mit eigenen wie fremden Störungen,
- wecken die Bereitschaft zur Mitteilung im anschließenden Gespräch,
- bilden Vertrauen durch das gemeinsame Erleben,
- fördern Gemeinsamkeiten und Unterschiede zutage,
- können die Teilnehmer emotional berühren.

Zu diesen eher in der Form begründeten Aspekten kommen noch die Inhalte von Phantasiereisen. Sie bringen den Kindern Zusammenhänge nahe oder lassen sie, ganz wie es die Geschichte will, am Vorbild lernen.

Phasen der Übung:	***Planung der Sequenz zur Phatasiereise: Der Krake Isidor***
1. Aufbau innerer Bereitschaft	Einladung zu einer Reise, die nur in unserem Kopf, vor unserem inneren Auge stattfindet.
2. Bei mir ankommen / mich selbst wahrnehmen	Wir entspannen uns; ich lenke die Aufmerksamkeit auf: • Körperhaltung, • Sicherheit und Wohlbefinden, • Atem und Muskelentspannung, • Schließen der Augen, • Ruhe.
3. Durchführung / sich der Stille öffnen	Ich lade euch ein, in das FaFeFi einzusteigen. Es liegt am Strand im seichten Wasser. Legt euch ruhig auf den Boden, durch den Glasboden könnt ihr ins Wasser sehen… Spürt, wie das FaFeFi leicht in den Wellen schaukelt… Ihr könnt auch durch das Dach die Sonne sehen, an den Seiten sind Fenster, euer Blick ist nach allen Seiten frei… Summt ein a, e oder i, damit wir das Schiff starten können… Langsam startet das FaFeFi. Es fährt durch die Wellen… Heute will das FaFeFi den Kraken Isidor suchen. Er ist verschwunden. Vielleicht könnt ihr schon die Hilferufe des Kraken Isidor hören, sie sind ganz leise… Schaut einmal durch den Boden nach unten. Am Meeresgrund seht ihr den kleinen Kraken, er hängt mit zweien seiner Arme an einer Kette fest. Er hat sich eingeklemmt… Das FaFeFi hält an. Es taucht jetzt. Es kann tief und für euch alle ganz sicher tauchen. Es ist jetzt ein kleines Unterseeboot. Macht euch ganz schwer, damit das FaFeFi sinken kann… Es sinkt langsam und hält genau über Isidor an…

Nun könnt ihr überlegen. Wenn ihr wollt, könnt ihr mit einem sicheren Tauchanzug durch die Schleuse das FaFeFi verlassen. Dann geht ihr über den Meeresgrund zum Kraken hin und hebt die Kette hoch. Schaut, ob ihr oder ein anderer dies tut. Wenn das nicht geschieht, hilft das FaFeFi. Es führt seien Greifarm aus und hebt die Kette an.
Nach dem Hochheben ist der Krake frei und wedelt mit den Armen. Ihr alle seid ins Boot zurückgekehrt. Isidor setzt sich aus Dankbarkeit auf das Dach des FaFeFi. Beim Hochsteigen schenkt euch Isidor ein besonderes Kunststück:
Blaue Tinte zieht an den Fenstern vorbei..., dann folgt rote, gelbe und goldene Tinte... Vor den Fenstern mischen sich die Farben..., ganz am Schluss kommt noch etwas silberne Tinte hinzu... Seht euch die Farben in Ruhe an...
Isidor winkt noch einmal mit seinen Armen, bevor er von dannen strudelt. Das Boot steigt allmählich immer höher. Macht euch ganz leicht...
Das FaFeFi taucht auf. Es schaukelt im Wasser. Es fährt zurück zum Strand. Es öffnet die Sicherheitstüren, und ihr könnt alle wieder aussteigen.

4. Zurückholen an den Ort des Geschehens

So, nun seid ihr wieder hier in der Schule, in der Klasse, an eurem Tisch. Jetzt streckt und räkelt euch ein wenig...

5. Erfahrungen ausdrücken / sich mitteilen

Wie hat dir der Ausflug gefallen?
Was hast du gesehen?
(Die Kinder sollen sich äußern.)

6. Abschluss - nach außen gehen

Wir bewegen uns wie kleine Kraken im Klassenraum (1 Min.). Zum Schluss kann noch ein Bild gemalt werden.

Reflexion

Es nahmen alle Kinder teil. Die Übung war vom Anspruchsniveau her für unsere Klasse nicht zu hoch, ging aber wegen der hohen Spannung und der geringen Erfahrung auf diesem Gebiet schon an die Grenze des Möglichen. Alle Kinder verfolgten den Verlauf der Geschichte interessiert, einige begleiteten einzelne Passagen der Geschichte mit eigenen Bewegungen. Auf den Satz „Nach dem Hochheben ist die Krake frei und wedelt mit den Armen“ haben viele Kinder mit den Armen Schwimmbewegungen ausgeführt. Es kann sein, dass einige Kinder zwischendurch die Perspektive wechselten und sich vielleicht in der Rolle von Isidor gesehen hatten. Isidor, klein und hilfsbedürftig – das könnte zur Änderung der Sichtweise beigetragen haben. Für sie standen dann die Aspekte „Vertrauen in Rettung“ und „Hilfe annehmen“ im Vordergrund. Henry, Felix, Sebastian und Tobias saßen am Schluss nicht mehr auf ihren Plätzen, sie mussten sich Luft machen.

An der Gesprächsstruktur fiel mir auf, dass sich die Antworten der Kinder entgegen meiner bisherigen Beobachtung direkt aufeinander bezogen: Einige von ihnen berichteten von ähnlichen Erfahrungen. Einer sagte etwas zu den Farben der Tinte, prompt kamen weitere Antworten zu diesem Thema.

Verena: „Bei mir war die Tinte blau.“ Christoph Sch.: „Bei mir war sie golden“, usw. So verhielt es sich während des ganzen Gesprächs. Die Kinder hörten einander zu.

Das Gesprächsverhalten war tolerant. Es gab – mit einer Ausnahme – keine wertenden Beiträge. Jedes Kind konnte seine Version darstellen. Alle ließen sich gegenseitig ausreden.

Lediglich als Vincent erzählte, er habe mit einem Gewehr unter Wasser alles abgeschossen, rief Henry dazwischen: „Das geht gar nicht, unter Wasser tun’s die Gewehre nicht!“

Die meisten Jungen waren in ihrer Phantasie mutig ausgestiegen, obwohl sie Angst hatten. Es kann sein,

dass sich dahinter ein klassisches geschlechtspezifisches Verhalten verbirgt, ganz nach dem Motto, „Jungen haben keine Angst, da muss man durch." Von den Mädchen bevorzugten drei die Rettung mit dem Greifarm.
Die Phantasie der Kinder zeigte sich in vielen Einzelheiten. Heikos U-Boot war ganz aus Glas, Christians aus Eis.
Jan B., der schmächtigste aus der Klasse, hatte den Kraken persönlich mit einer Zange befreit, er hatte Knöpfe im U-Boot bedient und Dinge bewirkt, die in der Geschichte nicht vorkamen.
Markus, in seinem „Traum" der Befreier, hatte vergessen, die U-Boottür zu schließen: „Da ist es ganz voll Wasser gelaufen, und da ist der Krake mit mir an Land geschwommen."
Viele sahen Piranhas, Haifische und andere Gefahren. Gerade zum Schluss der Geschichte häuften sich die phantastischen Ausschmückungen.
Mit dieser Fülle von Äußerungen und dem Ergriffensein der Kinder hatte ich nicht gerechnet. Die inneren Bilder wollten weiter verarbeitet werden, und so gab ich die Möglichkeit, von dieser Phantasiereise ein Bild zu malen. Einige Bilder hängen jetzt in der Klasse, andere gingen zum Vorzeigen mit nach Hause.
Die Kinder zogen offentlichtlich großen Gewinn aus der Geschichte. Sie konnten sich tief in das Geschehen hineindenken.

In dieser Phantasiereise wurden drei Lernziele kooperativen Verhaltens angesprochen:

- Regeln akzeptieren und diese auch einhalten,
- anderen helfen und sich selbst helfen lassen,
- eigene Bedürfnisse zugunsten gemeinsamer Handlungen und Ziele vorläufig zurückstellen.

Die Kinder äußerten danach spontan, dass sie bald wieder eine solche Phantasiereise unternehmen wollten. Sebastian sagte, für ihn sei es „wie Urlaub" gewesen.

Übung 2 **Der Baum**

Lernziel

- Sich mit einer Pflanze identifizieren

Für eine ungelenkte, offene Phantasiereise bietet sich der Besuch eines alten großen Baumes an. Über Bäume sprechen wir in der Grundschule in allen Jahrgangsstufen.
Diesmal will ich den Kindern eine Gelegenheit bieten, ihre eigenen Assoziationen innerhalb einer Stilleübung zu entwickeln. Für das Aufsuchen eines außerschulischen Lernortes ist bereits ein gewisses Maß an Selbstdisziplin erforderlich. Für diesen Fall sollte es draußen trocken und relativ warm sein.
Versammeln Sie die Kinder unter der Krone eines Baumes. Tragen Sie dann die Vorstellungen der Kinder über die Zeit zusammen, in der der Baum gepflanzt und gewachsen ist. Versuchen Sie, mit den Kindern den Bereich der Wurzeln abzugrenzen. Was hat der Baum wohl alles erlebt, erduldet? Welche Tiere leben auf oder unter dem Baum? Welche Tiere besuchen den Baum? Lassen Sie die Kinder die Rinde berühren, den Stamm beschnuppern. Lenken Sie die Aufmerksamkeit auf das Rauschen der Blätter. (Das hört man selbst bei Windstille.) Ziel ist, durch diese Impulse bei den Kindern Kristallisationspunkte für innere Bilder entstehen zu lassen.
Wenn die Kinder soweit vorbereitet sind, sollten sie sich setzen oder hinlegen. „Macht es Euch hier unter dem Baum richtig bequem ... Du hörst den Wind, der durch die Äste weht. Er lässt dich alles um dich herum vergessen. Stell dir vor, es gelingt dir, den Baum zum Sprechen zu bringen. Du kannst die Stimme des Baumes hören. Zuerst ganz leise ... Er erzählt dir etwas aus seinem Leben. Und er erzählt jedem etwas anderes ... Ihr habt Zeit, dem Baum zu lauschen."

Mit dieser Anweisung überlasse ich die Kinder ihrer eigenen Phantasie. Nach einer angemessenen Zeit von drei bis fünf Minuten schalte ich mich wieder ein und hole die Kinder mit den Worten zurück: „Verabschiedet euch nun langsam von eurem Baum... Ihr hört jetzt wieder das Rauschen der Blätter und merkt, dass ihr hier unter dem Baum auf dem Boden liegt. Die Sonne hat uns warm gemacht, wir fühlen uns richtig fit... Wir machen die Augen auf und recken und strecken unsere Arme, wir stehen auf und schütteln unsere Beine aus."

In der Schule angekommen, malen die Kinder ihre Baumgeschichte und schreiben sie auf. Erst im Anschluss daran erzählen die Kinder ihre Baumgeschichte. (Diese Reihenfolge ist hier möglich, weil die Kinder bei der Rückkehr in den Klassenraum relativ ruhig sind, anders als nach der aufwühlenden „Krake Isidor"-Geschichte. Auf diese Weise können sich die Kinder beim Malen und Schreiben auf ihre eigenen Gedanken und Assoziationen konzentrieren, ehe sie die der anderen hören.

Übung 3 Mein besonderer Raum

Lernziele

- Sich sicher fühlen,
- etwas Wertvolles finden.

„Stell dir vor, es gibt einen Raum, in dem du niemals etwas suchen musst. Es gibt viele Regale und Schränke, Ordner und Kisten, die bereitstehen für all das, was du mitbringst. Alles hat seinen Platz. Wenn du etwas brauchst, gehst du zum Regal und holst es. Es ist ein schöner Raum, der hell erleuchtet ist. Er ist warm, und du kannst dich darin sehr wohl fühlen. In diesem Raum bestimmst nur du, was geschieht. Es ist dein Raum der Ordnung und Klarheit. In diesem

Raum geht nichts verloren. Es gibt Schilder und Zettel, die verraten dir, was in den Schränken aufbewahrt wird. In unseren Gedanken gehen wir jetzt zu einem Schrank mit der Aufschrift: Schatz. Du öffnest vorsichtig eine Schublade... Was siehst du?... Liegt darin eine Vogelfeder? Oder findest du ein kleines goldbesetztes Mützchen?
Ihr habt jetzt Zeit zu einem Schrank in diesem Raum zu gehen und eine Tür oder eine Schublade zu öffnen. Was findet ihr? Wie ist es hineingekommen?“

Übung 4 Die Insel

Lernziel

- Jedem Kind ein Refugium schaffen.

„Ich möchte euch heute an einen Ort führen, an den ihr immer wiederkehren könnt, wenn ihr einsam seid, traurig oder müde. Diesen Ort kennt nur ihr, und er ist nur für euch bestimmt. Es ist dein geheimer Ort, an den niemand gegen deinen Willen gelangen kann, es sei denn, du nimmst ihn mit. Um dort hinzukommen, musst du eine kleine Reise unternehmen. Also mache dich auf den Weg... Verlass das Haus und steige in ein Boot, dass dich hinüberbringt auf eine Insel... Bald bist du angekommen und springst ans Ufer... Du machst das Boot an einem Baum fest und läufst über eine Wiese. Unter deinen Füßen spürst du das Gras. Du schaust dich um und siehst einen Trampelpfad vor dir, der sich durch die Wiese schlängelt. Du folgst ihm, vorbei an Butterblumen, Löwenzahn und Sauerampfer... Du kommst an einem Baumstumpf vorbei, auf dem ein Goldkäfer sitzt, dem du freundlich zuwinkst. Ein paar Schritte weiter siehst du einen Ameisenhaufen. Du beugst dich vor und schaust den Tierchen bei der Arbeit zu. Am Ende des Weges gelangst du zu einem großen Tor aus Steinen. Es ist ganz bewachsen mit Efeu, Moos und Kletterpflanzen.

Es ist der Eingang zu deinem Wohlfühlort. Du hast nun Zeit, dich hier zu erfrischen ...
Mache dich nun wieder auf den Rückweg. Gehe den Weg zurück durch das Tor, vorbei an dem Ameisenhaufen, dem du „Auf Wiedersehen" zurufst, vorbei am Goldkäfer, der immer noch in der Sonne ruht, vorbei an den Butterblumen bis zu deinem Boot. Es bringt dich sicher zurück an das Ufer...
Möchtet ihr über eure Phantasiereise sprechen?"
(Weitere Verarbeitung durch Malen, Schreiben oder auch Kneten.)

Übung 5 Die Wiese

Lernziel

- Sich besinnen, zu sich selbst finden, ausruhen.

„Stell dir vor, du liegst an einem warmen Nachmittag auf einer Wiese unter einem Baum... Du liegst weich und warm auf dem Grasbett... Unter deinem Rücken spürst du die Kühle des Grases... Gänseblümchen lugen zwischen den Grashalmen hindurch... Du spürst die Wärme der Sonne, sie wärmt deinen Bauch, sie streichelt deine Arme... Es ist ganz ruhig und still um dich herum... Nur Bienen und Käfer summen...
Du blinzelst durch die Äste des Baumes in den Himmel. Der Himmel ist hoch und blau. Es ist kein Wölkchen zu sehen. Ein Vogel ruht sich auf einem Ast aus. Die Sonne wärmt auch ihn. Du bist erstaunt über die Schönheit seiner Federn. Ein leichter Windhauch hebt die Federn an. Der Vogel beginnt zu zwitschern. Du hörst sein Lied. Du magst die friedliche Stimmung und kannst es genießen, hier zu sein."

Übung 6 **Fliegen**

Lernziel

- Jedem Kind ein Refugium schaffen.

„Stell dir vor, du bist ein Vogel und fliegst hoch oben über einem Dorf... Die Bäume sind ganz klein..., auf den Wiesen sind die Gänseblümchen nicht mehr zu erkennen. Die Straßen sehen aus wie schmale Wege. Du siehst die roten und schwarzen Dächer der Häuser. Schau dich mal um, was du noch entdecken kannst... Einen Teich..., ein Schwimmbad..., spielende Kinder..., eine Baustelle...
Nach einiger Zeit fliegst du zurück an deinen Platz. Und so leicht wie ein Vogel sich auf einem Baum niederlässt, so sanft landest du wieder am Boden. Dort legst du dich ins Gras. Du verabschiedest dich von dem Vogel und bleibst noch einen Moment liegen...
Jetzt kommt alle wieder zurück in unser Klassenzimmer. Ich zähle bis sieben, und dann macht ihr die Augen wieder auf und seid hier in der Schule, auf euren Plätzen, bei euren Freundinnen und Freunden."
Es folgt der Austausch der Kinder über ihre Erfahrungen beim „Fliegen".
(Die Phantasiereise „Fliegen" kann auch direkt an „Die Wiese" angeschlossen werden.)

Stilleübungen in den ersten Schulklassen

Stilleübungen in den ersten Schulklassen

Ein soziales Miteinander, das geprägt ist von Toleranz und Raum für den anderen, lässt sich nicht direkt erzeugen. In den Stilleübungen habe ich nicht soziales Verhalten eingeübt, sondern innere Prozesse in Gang gesetzt, die Wandlung und persönliche Reife bewirken sollen.

Stille zu üben bedeutet Intensivierung des Erlebten, das heißt Alltägliches neu und anders wahrzunehmen; das bedeutet lernen, dabei Durststrecken zu überstehen und Lustlosigkeit zu überwinden. Der Erfolg von Stilleübungen lässt sich nicht unmittelbar im Anschluss an die Durchführung bestimmen. Man darf auch nicht davon ausgehen, dass man dem Ziel, das soziale Miteinander zu verbessern, mit jeder Übung ein Stück näher kommt. Die Entwicklung verläuft nicht linear. Es gab tolle Situationen, in denen ich im Anschluss an eine Stilleübung ein ausgesprochen kooperatives Verhalten aller Schülerinnen und Schüler beobachten konnte, aber auch Situationen, in denen dies nicht der Fall war.

Die Klasse zeigte häufig Bilder von friedlichem Miteinander. Dann spielten auch die größten Streithähne zusammen und realisierten z. B. mit Bauklötzen gemeinsam entwickelte Vorstellungen. Mido, Sebastian und Lars kooperierten erstaunlich gut. Es kam vor, dass sich Jens und Christoph P. für ein rüdes Verhalten ohne Druck von mir bei anderen Kindern entschuldigten. Es gab aber auch den ganz „normalen“ Alltag. Das „Haus der Stille“[56], in dem jeder geachtet wird, lässt sich nicht in wenigen Wochen bauen. Es kann auch ein ganzes Jahr dauern, bis jeder dort einen schützenden Ort findet.

Maschwitz stellt fest: „Alle Stilleübungen zielen darauf hin, uns im Innehalten zur Begegnung mit uns selbst und mit dem tragenden Grund in die Tiefe zu führen und uns von dort weiterzuleiten zur Begegnung mit den anderen und der Welt um uns herum.“[57] Oder, einfacher ausgedrückt: Wir werden durch Stilleübungen sensibler für uns selbst, für andere Menschen und alles, was um uns herum ist.

Das Zitat von Maschwitz bringt das Verhältnis von Stilleübungen und ihren Wirkungen auf das soziale Miteinander auf den Punkt.
Die Konzepte von Stilleübungen, die ich kennengelernt habe, gehen im Kern davon aus, dass alle Kraft und Fähigkeit zur Entwicklung im Individuum angelegt sind. Während in Rollenspielen dem Kind eine neue Sicht- und Verhaltensweise von außen angeboten wird, verweist das Stillekonzept das Kind auf sich selbst, auf seine Empfindungen und Sinne. Es wird nicht an ein Schema angepasst, nicht in eine Form gepresst. Die Stilleübungen setzen auf den positiven Kern im Kind. Sie helfen, diesen zu entwickeln.
Damit ist klar, dass das Stillekonzept kaum Ad-hoc-Wirkungen erzeugt. Die Entwicklung des Menschen ist langfristig angelegt – sie endet nie. In diesem Sinne sind die Stilleübungen auch nicht abschließbar. Sie müssen auch in meiner Klasse weitergeführt werden, sollen sie ihre Tragfähigkeit im personalen und sozialen Bereich voll entfalten.
Das den Stilleübungen zugrundeliegende Menschenbild ist auch Grundlage der Arbeit im Sinne von Maria Montessori. Wie der Gärtner in einem Garten durch Pflegemaßnahmen nur dafür sorgt, dass die Pflanze wachsen kann, so hat der Lehrer die Aufgabe, Bedingungen zu schaffen, unter denen sich die positiven Eigenschaften des Kindes entwickeln können. Stille ist eine Bedingung.
Entgegen den Befürchtungen, dass die unruhigen und verhaltensauffälligen Schüler manche Stilleübung ins Chaos stürzen würden, geschah dies nicht. Einzelne Kinder lehnten eine Beteiligung an Stilleübungen ab. So berief sich Jens oft auf die Freiwilligkeit und betrachtete unsere Übungen aus sicherer Distanz. Aber das war nicht die Regel.
Auch hatte ich Bedenken, dass sich gerade die Kinder von den Übungen zurückziehen würden, die der inneren Ruhe am stärksten bedürfen. Die Befürchtung, dass „Störer“ die Übungen blockieren könnten, wurde aber ebenfalls nicht bestätigt. Es gibt nämlich keine Störer, es gibt lediglich Störungen. Es gibt keine böswilligen Kinder in

der Klasse, es gibt nur Kinder mit Problemen. Und es sieht so aus, als ob die Stille auch subjektiv von den Kindern als angenehm bewertet wird.
Ein kleines Interview, das ich mit allen Kindern (einzeln) am letzten Schultag vor den Osterferien geführt habe, bestätigt das. Es gibt kein Kind, das die Phantasiegeschichten nicht gut findet. Für einige sind die Stilleübungen „das Beste an der Schule überhaupt". Ausgerechnet Sebastian freut sich immer auf das „leise sein". Vielleicht kann man sogar sagen, dass Stilleübungen gerade für Klassen, in denen es sehr unruhig ist, gut geeignet sind.
Nach meinen Stilleübungen in der Klasse kann ich feststellen, dass die Kinder sehr oft und gern Selbstdisziplin übten. Sie sind damit in der Entwicklung der Selbstkompetenz ein Stück weiter gekommen. Wird in der Stille Selbstdisziplin geübt, so ist dies für alle anderen die Gewähr für eine ungestörte Atmosphäre.
Mittel- und langfristig wird die Selbstdisziplin zu bewusster Rücksichtnahme und damit zur sozialen Kompetenz beitragen.
Die Stilleübungen, die ich im Laufe von acht Wochen durchgeführt habe, waren nicht nur Nebensache im normalen Unterricht gewesen. Tatsächlich prägten sie die Atmosphäre. Die täglichen Stilleübungen in der Klasse, als Stille „pur" zur Einübung der Selbstdisziplin oder als Rätselphantasien, schafften Momente der Entspannung und Gelassenheit, denn „mehr Stille verspricht Entlastung von der ständigen untergründigen Unruhe, der Ungeduld und der Gepanntheit in den Beziehungen der Kinder untereinander."[58]
Während dieser Phasen der Entspannung bestimmte der Wert der Stille auf diese Weise auch das Verhalten der unruhigen Schüler. Wenn es gelingt, diese Ruhephasen im Unterricht zu kultivieren, werden die Auswirkungen auf das soziale Miteinander deutlicher als bisher zutage treten. Ich kann am Ende festhalten: Stille ist auf dem Wege, eine Haltung der Klasse 1b zu werden.
Mein Schwerpunkt in diesem ersten Schuljahr lag im Finden von Ruhe, Entspannung und Gelassenheit. Im weiteren Übungsverlauf habe ich zunehmend auch solche

Stilleübungen eingesetzt, die konzentrierte Unterrichtsarbeit einleiten, wie z. B. Texterschließung, Bildbetrachtungen und sachbezogene Phantasiereisen. Stilleübungen, insbesondere Phantasiereisen, eignen sich aber auch als Methode zum Einstieg in ein Unterrichtsthema.
Lernen braucht Zeit. Die Kinder benötigen Zeit, um sich in den Lerngegenstand zu versenken. Die oft im Unterricht herrschende Hast, das Hecheln durch den Lernstoff, wird durch das Stillekonzept durchbrochen und in Frage gestellt.
Das Stillekonzept fordert eine Öffnung des Unterrichts. Stilleübungen finden zwar im Klassenverband statt, sie wenden sich aber an jede Person, an den einzelnen in seiner Unverwechselbarkeit. Dem entspricht auf der Ebene der Unterrichtsformen eine Abkehr vom Frontalunterricht. Auch im übrigen Unterricht müsste der Spielraum für individuelle Erfahrungen geschaffen werden. In der Stille sind alle Kinder gleich. Stille bietet den Kindern die Erfahrung, im Hier und Jetzt ohne Konkurrenzdruck, ohne Bewertung zu sein.
Es gibt keine Stilleübung, in der nicht auch Selbstdisziplin geübt wird. Stille ist das gemeinsame Tun, zu dem jeder sein Schweigen beitragen muss, damit sie gelingt. In der Stille lassen die Kinder beiseite, was vielleicht auch interessant wäre. Sie verzichten auf Gespräche mit dem Nachbarn oder auf Zwischenrufe. Sie konzentrieren sich auf das gestellte Thema oder stellen sich vielleicht selbst kleine Aufgaben. Während der Stilleübungen ist die Störungshäufigkeit erheblich niedriger als in „normalen" Unterrichtsphasen. Was in anderen Klassen vielleicht nicht so erwähnenswert wäre, hier in der 1b mit ihrer besonderen Zusammensetzung fällt ein solches Verhalten positiv auf.
Stilleübungen sind sehr nützlich bei der Entwicklung der Kooperationsfähigkeit. Bei sachunterrichtlichen Themen haben verschiedene Situationen gezeigt, dass eine mögliche Kooperation häufig an Disziplin- und Konzentrationslosigkeit scheitert. Hier scheint der Weg erfolgversprechend, den ich im Unterrichtsbeispiel „Kresse" eingeschlagen habe. Lernen mit allen Sinnen als Stilleübung

erzeugt von vornherein ein Klima, in dem Partnerarbeit deshalb besser gelingt, weil der Umgang miteinander behutsamer ist.
Meine Erfahrungen zusammenfassend beantworte ich die Eingangsfrage mit folgender These:
Kindheit und Familie haben sich so verändert, dass Kinder im Bereich der sozialen Erfahrung Defizite haben. Schule und Lehrer müssen und wollen hierauf kompensatorisch reagieren. Es gibt viele verschiedene Programme. Eins davon ist das Stillekonzept.
Mit seinem Einsatz soll das Kind nicht an Verhaltensnormen angepasst, sondern zu seinem eigenen Inneren zurückgeführt werden. Von hier aus entwickelt das Kind seine sozialen Fähigkeiten. Stilleübungen sind keine „Trickkiste“, in die man greift, denn sie wirken nur, wenn sie authentisch sind.
Die Klasse 1b, aber auch ich als ihr Lehrer haben von diesem Konzept profitiert. Stille schafft Disziplin, ohne zu disziplinieren. Stilleübungen sind ohne Zweifel ein geeignetes Mittel, um in einem ersten Schuljahr das soziale Miteinander zu verbessern.

Anhang

Mandala 1

Mandala 2

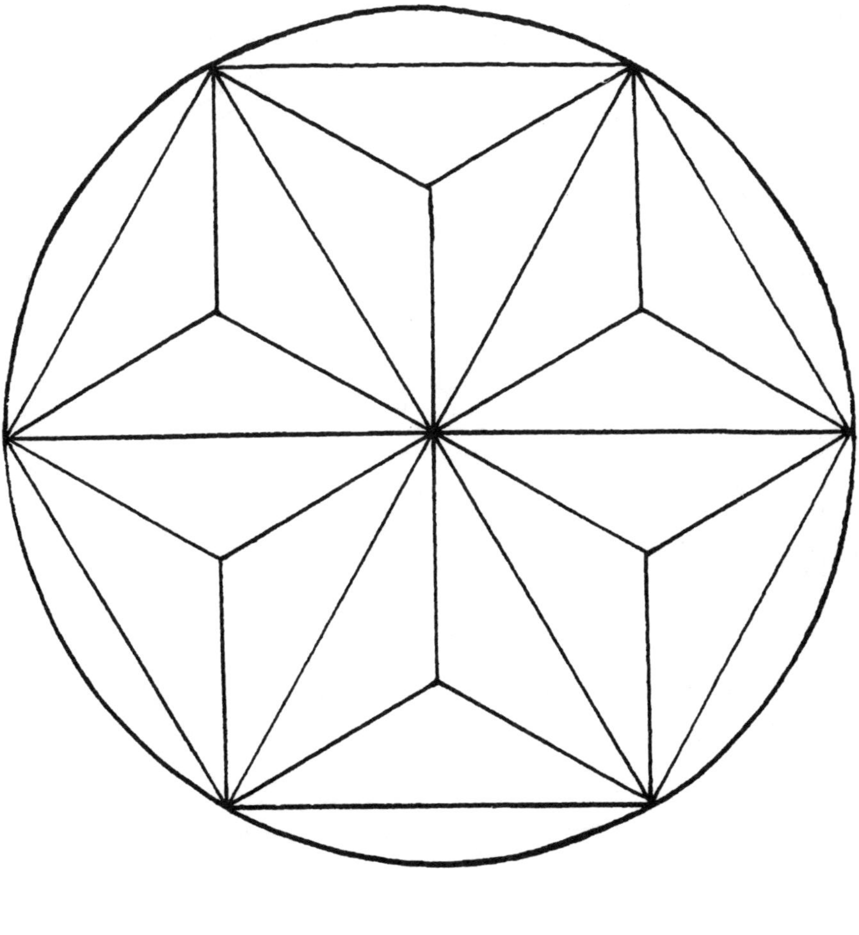

Mandala 3

Mandala 4

Fußnoten

1. Meyer, H.: Didaktische Modelle, S. 124–125.
2. Burk, K.: Kinder finden zu sich selbst, S. 7–8.
3. „Zukunft der Bildung – Schule der Zukunft“, S. 21–75.
4. Richter, H.-E. in: Munker, J. (Hrsg.): Die Welt in 100 Jahren, S. 9.
5. Wagner-Winterhager, zitiert nach: Neumann, K.: Von der Disziplin zur Autonomie, S. 71.
6. Rosemann, H.: Kinder im Schulstreß, S. 26.
7. Ebda., S. 27.
8. Vgl. Böhm, W.: Maria Montessori, S. 173.
9. Meyer, H.: Didaktische Modelle, S. 139.
10. Hielscher, H. (Hrsg.): Du und ich – ihr und wir, S. 153–158.
11. Richtlinien und Lehrpläne für die Grundschule in NRW, S. 13.
12. Hielscher, H. (Hrsg.): Du und ich – ihr und wir, S. 153–158.
13. Heckel, H., Avenarius, H.: Schulrechtskunde, S. 41.
14. Der Kultusminister des Landes NRW (Hrsg.): Richtlinien und Lehrpläne für die Grundschule in NRW, S. 12.
15. Kühnberger, E.: Disziplin durch Selbstfindung, S. 59/61.
16. Nickel, H.: Entwicklungspsychologie des Kindes- und Jugendalters, S. 123.
17. Vgl. dazu Olbinger, H.: Schweigen und Stille in der Erziehung.
18. Burk, K.: Kinder finden zu sich selbst, S. 14.
19. Maschwitz, G. u. R.: Stille-Übungen mit Kindern, S. 45.
20. Reichgeld, M.: Wege zur Stille, S. 11.
21. Maschwitz, G. u. R.: Stille-Übungen mit Kindern, S. 10.
22. Jenchen, H.: Vom Morgenkreis zum Tagesausklang, S. 4.
23. Reichgeld, M.: Mit Kindern die Stille entdecken, S. 6.
24. Müller, E.: Auf der Silberlichtstraße des Mondes, S. 16.

25. Faust-Siehl, G.: Mit Kindern Stille entdecken, S. 28.
26. Jenchen, H.: Vom Morgenkreis zum Tagesausklang, S. 5.
27. Faust-Siehl, G.: Mit Kindern Stille entdecken, S. 29 ff.
28. Reichgeld, M.: Wege zur Stille, S. 11.
29. Bauer, M.: Didaktik der Stille, S. 54.
30. Ebda., S. 55.
31. Maschwitz, G. und R.: Stille-Übungen mit Kindern, S. 45.
32. Hielscher, H. (Hrsg.): Du und ich – ihr und wir, S. 155.
33. Montessori, M., zitiert nach: Burk, K.: Kinder finden zu sich selbst, S. 14.
34. Vgl. Böhm, W.: Maria Montessori, S. 173.
35. Bauer, M.: Didaktik der Stille, S. 63.
36. AOK Rheinland – Regionaldirektion Düsseldorf (Hrsg.): Lehrerfortbildung für die Primarstufe: „Bewegte Schule“; hier findet man vielfältige praktische Anregungen zu diesem Thema.
37. Ebda., S. 6.
38. Stegmeier, H. u. v. Wolf-Wedel, A.: Eine unruhige Klasse sammeln, S. 8.
39. Ebda.
40. Siehe z. B. Vopel, K. W.: Kinder ohne Streß, Teil 1: Bewegung im Schneckentempo.
41. Faust-Siehl, G.: Mit Kindern Stille entdecken, S. 58.
42. Maschwitz, G. u. R.: Gemeinsam Stille entdecken, S. 47.
43 Wallaschek, U.: Übungsfelder, S. 78.
44. Reichgeld, M.: Wege zur Stille, S. 68.
45. C. G. Jung, zitiert nach: Maschwitz, G. u. R.: Stille-Übungen mit Kindern, S. 113.
46. Groddeck, N.: Was heißt erfahrungsoffenes Lernen?, S. 31.
47. Wallaschek, U.: Übungsfelder, S. 82.
48. Vopel, K.: Interaktionsspiele für Kinder. Teil 1, S. 15.
49. Deuter, Land of Enchantment.
50. Vopel, K.: Zauberladen, S. 11.
51. Es handelte sich um die Rätselphantasien: „Der

Papierdrache", „Wind", „Schmetterling", „Der Wal", „Das Herz", „Das Ohr", „Der Baumstamm", „Die Hände", alle entnommen aus: Vopel, K.: Zauberladen.
52. Müller, D.: Phantasiereisen im Unterricht, S. 12.
53. Maschwitz, R.: Phantasien, Träume, Imaginationen, S. 31–33.
54. Müller, D.: Phantasiereisen im Unterricht, S. 12.
55. Bauer, E.: Didaktik der Stille, S. 55
56. Faust-Siehl G. u. a.: Mit Kindern Stille entdecken, S. 40.
57. Maschwitz, G. u. R.: Stille-Übungen mit Kindern, S. 69.
58. Faust-Siehl, G. u. a.: Mit Kindern Stille entdecken, S. 10.

Literatur

AOK Rheinland – Regionaldirektion Düsseldorf (Hrsg.): Lehrerfortbildung für die Primarstufe: „Bewegte Schule", ohne Jahr.

Bartnitzky, Horst/Christiani, Reinhold, Zeugnisschreiben in der Grundschule, Heinsberg 1994.

Bauer, Eva M., Didaktik der Stille. In Faust-Siel u.a.: Mit Kindern Stille entdecken. Bausteine zur Veränderung der Schule, 5. Aufl., Frankfurt 1995.

Böhm, Winfried (Hrsg.), Maria Montessori. Texte und Gegenwartsdiskussion, 5. Aufl., Bad Heilbrunn 1996.

Burk, Karlheinz (Hrsg.), Kinder finden zu sich selbst. Beiträge zur Reform der Grundschule 60, 5. Aufl., Frankfurt a. M. 1995.

Burow, Olaf/Scherpp, Karlheinz, Lernziel Menschlichkeit. Gestaltpädagogik – eine Chance für Schule und Erziehung, München 1981.

Dusza, Christiane, So bunt ist die Stille. Phantasiereisen und Stille-Übungen für Kinder, Wuppertal, 2. Aufl., 1998.

Faust-Siehl, Gabriele u. a., Mit Kindern Stille entdecken. Bausteine zur Veränderung der Schule, 5. Aufl., Frankfurt a. M. 1995.

Faust-Siehl, Gabriele/Wallascheck, Uta, Es ist erforderlich, die Kinder Stille zu lehren. In: Die Grundschulzeitschrift 19, 1988, S. 35.

Fuhrmann, Elke, Mein Freund, der Baum, München 1996.

Grell, Jochen, Techniken des Lehrerverhaltens, Weinheim 1994.

Groddeck, Norbert, Was heißt erfahrungsoffenes Lernen? In: Burk, K., Kinder finden zu sich selbst, 5. Aufl., Frankfurt a. M. 1995.

Heckel, Hans, Avenarius, H., Schulrechtskunde, Darmstadt 1986.

Helming, Helene, Montessori-Pädagogik, 17. Aufl., Freiburg 1998.

Heusinger, R. Disziplin, Stille – Erfahrungen, In: Grundschulunterricht 7/8 1993, S.14–16.

Hielscher, Hans (Hrsg.), Du und ich – ihr und wir, Heinsberg 1987.

Jenchen, Hans, Vom Morgenkreis zum Tagesausklang, In: Grundschulmagazin 12/1992, S. 4–11.

Kühnberger, Elisabeth, Disziplin durch Selbstfindung, In: Burk, K., Kinder finden zu sich selbst, 5. Aufl., Frankfurt a. M. 1995.

Kultusminister des Landes NRW (Hrsg.), Richtlinien und Lehrpläne für die Grundschule in NRW, Düsseldorf 1985.

Landesinstitut für Schule und Weiterbildung (Hrsg.), Schulanfang, Soest 1992.

Maschwitz, Gerda und Rüdiger, Gemeinsam Stille entdecken, 2. Aufl., München 1997.

Maschwitz, Gerda u. Rüdiger, Stille-Übungen mit Kindern. Ein Praxisbuch, 3. Aufl., München 1998.

Maschwitz, Rüdiger, Phantasien, Träume, Imaginationen. In: Grundschule 1/1997, S. 31–33.

Meyer, Hilbert/Jank, Werner, Didaktische Modelle, 3. Aufl., Frankfurt a. M. 1994.

Meyer, Hilbert, Unterrichts-Methoden Bd. II: Praxisband, 7. Aufl., Frankfurt a. M. 1995.

Müller, Doris, Phantasiereisen im Unterricht. In: Grundschule, 1/97, S.12–14.

Müller, Else, Auf der Silberlichtstraße des Mondes. Autogenes Training mit Märchen zum Entspannen und Träumen, 14. Aufl., Frankfurt 1996.

Murdock, Maureen, Dann trägt mich meine Wolke. Wie Große und Kleine spielend leicht lernen, 8. Aufl., Freiburg 1996.

Neumann, K., Von der Disziplin zur Autonomie. In: Arbeitskreis Grundschule (Hrsg.), Veränderte Kindheit – veränderte Grundschule, 4. Aufl., Frankfurt a. M. 1992.

Nickel, Horst, Entwicklungspsychologie des Kindes- und Jugendalters. Ein Lehrbuch für Studierende der Psychologie, Erziehungs- und Sozialwissenschaften, Bern 1975.

Olbinger, H., Schweigen und Stille in der Erziehung, München 1968.

Pirnay, L., Kindgemäße Entspannung, Lichtenbusch, Belgien 1993.

Portmann, Rosemarie/Schneider, Elisabeth, Spiele zur Entspannung und Konzentration, 12. Aufl., München 1998.

Reichgeld, Manfred, Wege zur Stille. Kinder finden zu sich selbst, 9. Aufl., München 1997.

Reichgeld, M., Mit Kindern die Stille entdecken. In: Lehrer Journal, Grundschulmagazin 12/1987.

Richter, Horst-Eberhard, Unsere Kinder sind das Problem des Friedens. In: Munker, J. (Hrsg.), Die Welt in 100 Jahren, Düsseldorf 1985.

Rosemann, Hermann, Kinder im Schulstreß, Frankfurt a. M. 1978.

Stegmeier, H./v. Wolf-Wedel, A., Eine unruhige Klasse sammeln. In: Grundschule 1/1997, S. 8–11.

Teml, Helga u. Hubert, Komm mit zum Regenbogen. Phantasiereisen für Kinder und Jugendliche (auch als Toncassette), 7. Aufl., Linz 1998.

Thierer, Elisabeth, Stille-Übungen und Bild-Erleben, Weinheim 1996.

Vopel, Klaus W., Interaktionsspiele für Kinder, Teil 1, 8. Aufl., Salzhausen 1999.

Vopel, Klaus W., Kinder ohne Streß, 5 Bde., Salzhausen 1996.

Vopel, Klaus W., Kommunikation im 1. Schuljahr. Teil 1 und 2, 2. Aufl., Salzhausen 1998.

Vopel, Klaus W., Probleme lösen, Bd. 4 der Reihe „Wege des Staunens“, 2. Aufl., Salzhausen 1997.

Vopel, Klaus W., Zauberladen, Salzhausen 1995.

Vopel, Klaus W., Denken wie ein Berg, fühlen wie ein Fluß, 2. Aufl., Salzhausen 1995.

Wallaschek, Uta, Übungsfelder. In: Faust-Siehl, G., Mit Kindern Stille entdecken, 5. Aufl., Frankfurt a. M. 1995.

„Zukunft der Bildung – Schule der Zukunft“, Denkschrift der gleichnamigen Kommission beim Ministerpräsidenten des Landes NRW (Hrsg.), Neuwied 1995.

Deuter, „Land of Enchantment“, Earth’s Answer, Celestial Harmonies, 13016-2 CH (CD).